68

FÜR IAN. BALD. – TAN X

EINIGE WORTE VORWEG

Unsere Welt ist riesig, stark, zerbrechlich und wunderschön wild.
Eine Milliarde Bücher würde nicht ausreichen, um ihren Reichtum zu beschreiben.
Wir lieben die Welt! ist also nur ein Streifzug durch die große Vielfalt,
die auf unserem Planeten von der Spitze des Mount Everest bis zu den
Tiefen des Marianengrabens zu finden ist.

Dieses Buch möchte Neugier und Abenteuerlust wecken und hoffentlich
auch das Bewusstsein für unsere Umwelt (und die Liebe zu Nudeln).
Es möchte Fantasie und Ideen anregen, Harmonie und Verständnis
füreinander fördern ... und die Reiselust in uns allen wecken!

Tania McCartney

Tania McCartney

WIR lieben die Welt!

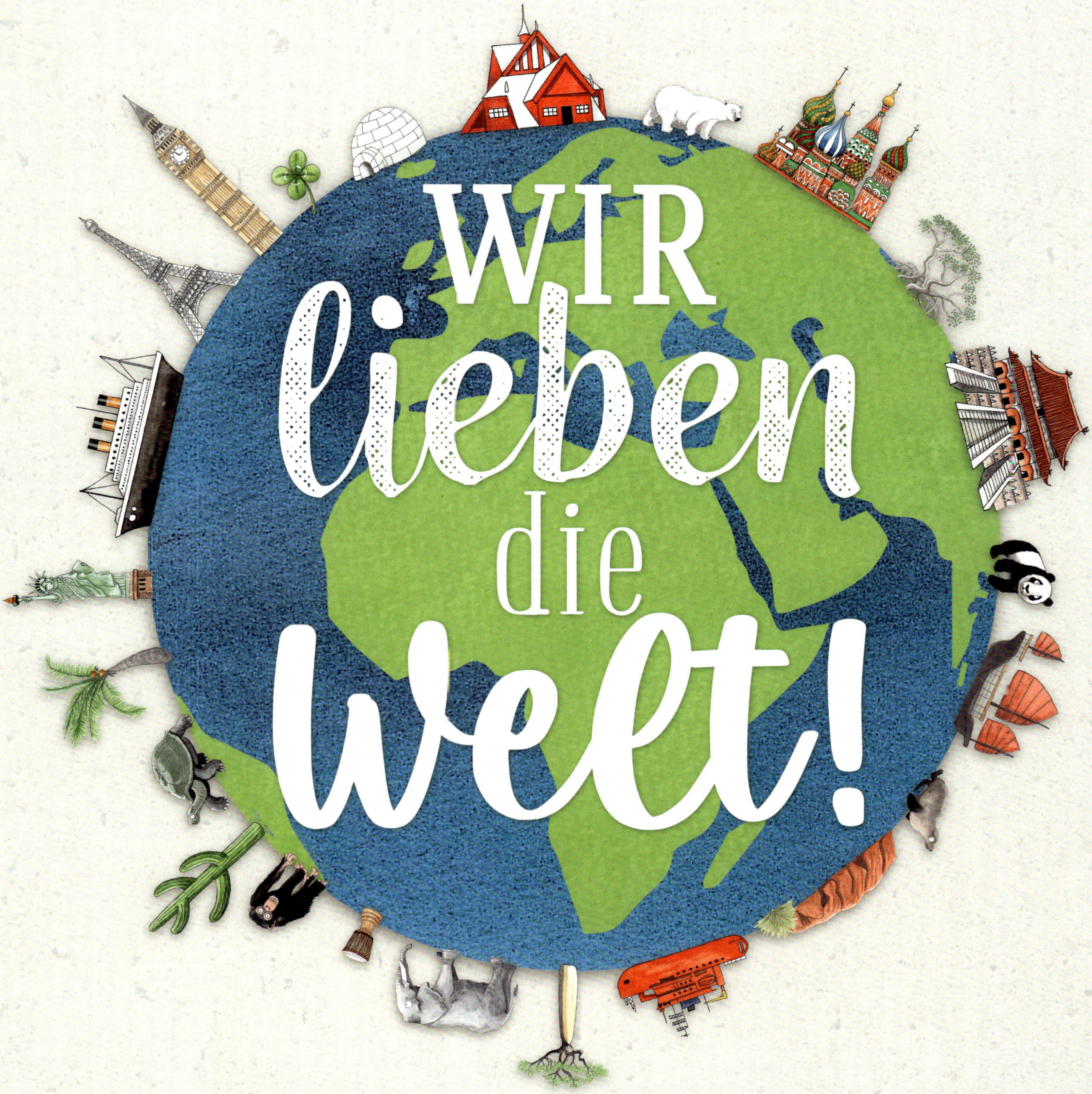

VON DER *Schönheit* UND *Vielfalt* UNSERER ERDE

INHALT

UNSERE WELT

NORD-
AMERIKA

SEITE 34

EUROPA

SEITE 48

SÜD-
AMERIKA

SEITE 42

DIE WELT IN ZAHLEN

OBERFLÄCHE GESAMT: 510 Millionen km²
OBERFLÄCHE LAND: 149 Millionen km²
LÄNDER: 195
BEVÖLKERUNG: 7,9 Milliarden Menschen (2022)
STADT MIT DER HÖCHSTEN EINWOHNERZAHL: Tokio, Japan (37,4 Millionen)
STADT MIT DER GRÖßTEN FLÄCHE: New York City, USA
KONTINENTE: 7
UMFANG: 40.075 km
BESTEHT AUS: vor allem Eisen, Sauerstoff und Silizium
ALTER: rund 4,54 Milliarden Jahre!
ZEIT, UM DIE SONNE ZU UMKREISEN: 365,256 Tage
ATMOSPHÄRE: 78 % Stickstoff, 21 % Sauerstoff, 1 % andere Gase
ERDSCHICHTEN: Erdkruste, oberer Mantel, unterer Mantel, äußerer Erdkern, innerer Erdkern
NATÜRLICHER TRABANT: ein sehr hübscher Mond
GALAXIE: Milchstraße

DIE
ANTARKTIS

SEITE 82

DIE WELT IST GROß UND WUNDERSCHÖN!

Die Welt ist riesig und es gibt so viel zu sehen! Vom Nordpol bis zu tropischen Inseln wirst du in *Wir lieben die Welt!* sieben Kontinente, fünf Ozeane und unzählige Wunder entdecken. Bestaune die Menschen, Kulturen, Speisen und Traditionen. Lerne die vielfältigen Landschaften, Tier- und Pflanzenarten kennen. Wo verläuft die längste Gebirgskette der Erde? Und wo erstreckt sich die weltgrößte Wüste? Wachsen in der Antarktis Pflanzen? Die Antworten auf diese Fragen könnten dich überraschen!

Das Land, die Meere und der Himmel quellen über vor Farben und Leben … Sie bieten so viel Liebenswertes! Also, stürze dich ins Abenteuer und erkunde die wunderbaren Unterschiede, die Vielfalt und die Schönheit unserer unglaublichen Welt!

AN LAND

Es gibt sieben Kontinente mit einer Vielzahl an Landschaften – von Wüsten bis zur Tundra, von Regenwäldern bis zu Sümpfen, von Stränden bis zu Felsen, von Hochebenen bis zu Gebirgen und dem antarktischen Eisschild, der bis zu zwei Kilometer dick ist! Überall wimmelt es von Leben – von der kleinsten Maus bis zum höchsten Baumriesen. Und auch die Menschen haben Sehenswertes geschaffen, früher und heute.

BAUWERKE

Seit der Steinzeit schaffen die Menschen sagenhafte Bauwerke. Welche hast du schon gesehen?

FLORA

Wälder bedecken 33 Prozent der Erdoberfläche, doch 85 Prozent aller Pflanzen sind in den Meeren zu finden! Traurig, aber wahr: 68 Prozent unserer Pflanzenarten sind vom Aussterben bedroht.

IM AMAZONAS-REGENWALD LEBEN 20 % ALLER WELTWEIT VORKOMMENDEN PFLANZEN UND VÖGEL.

FAUNA

Geschätzt leben 8,7 Millionen Tierarten auf der Welt, die man grob in Vögel, Säugetiere, Reptilien, Amphibien, Fische und Wirbellose einteilen kann.

WÜRMER SIND DIE AM HÄUFIGSTEN VORKOMMENDEN TIERE DER WELT!

DER AUFBAU DER ERDE

Wir leben auf der Erdkruste. Sie ist relativ dünn. Die Schichten darunter sind viel dicker und machen 85 Prozent der Erdmasse aus. Sowohl der innere als auch der äußere Erdkern bestehen aus Eisen und Nickel. Der äußere Erdkern ist flüssig, der innere ist fest. Der innere Erdkern ist so heiß wie die Oberfläche der Sonne, nämlich 4.500 Grad Celsius! Erstaunlicherweise schmilzt er trotzdem nicht.

GRÖẞTER KONTINENT: Asien (44,6 Millionen km²)
TROCKENSTER BEWOHNTER KONTINENT: Australien (Ozeanien)
FEUCHTESTER KONTINENT: Südamerika
HÖCHSTER PUNKT AN LAND: Mount Everest, Nepal (8.848 m)
TIEFSTER PUNKT AN LAND: Ufer des Toten Meeres (428 m unter dem Meeresspiegel)
GRÖẞTE WÜSTE: Antarktische Eiswüste (14 Millionen km²)
GRÖẞTER REGENWALD: Amazonas-Regenwald (6 Millionen km²)
GRÖẞTER FELSEN: Mount Augustus (Burringurrah), Australien (92 km², 1.106 m hoch)

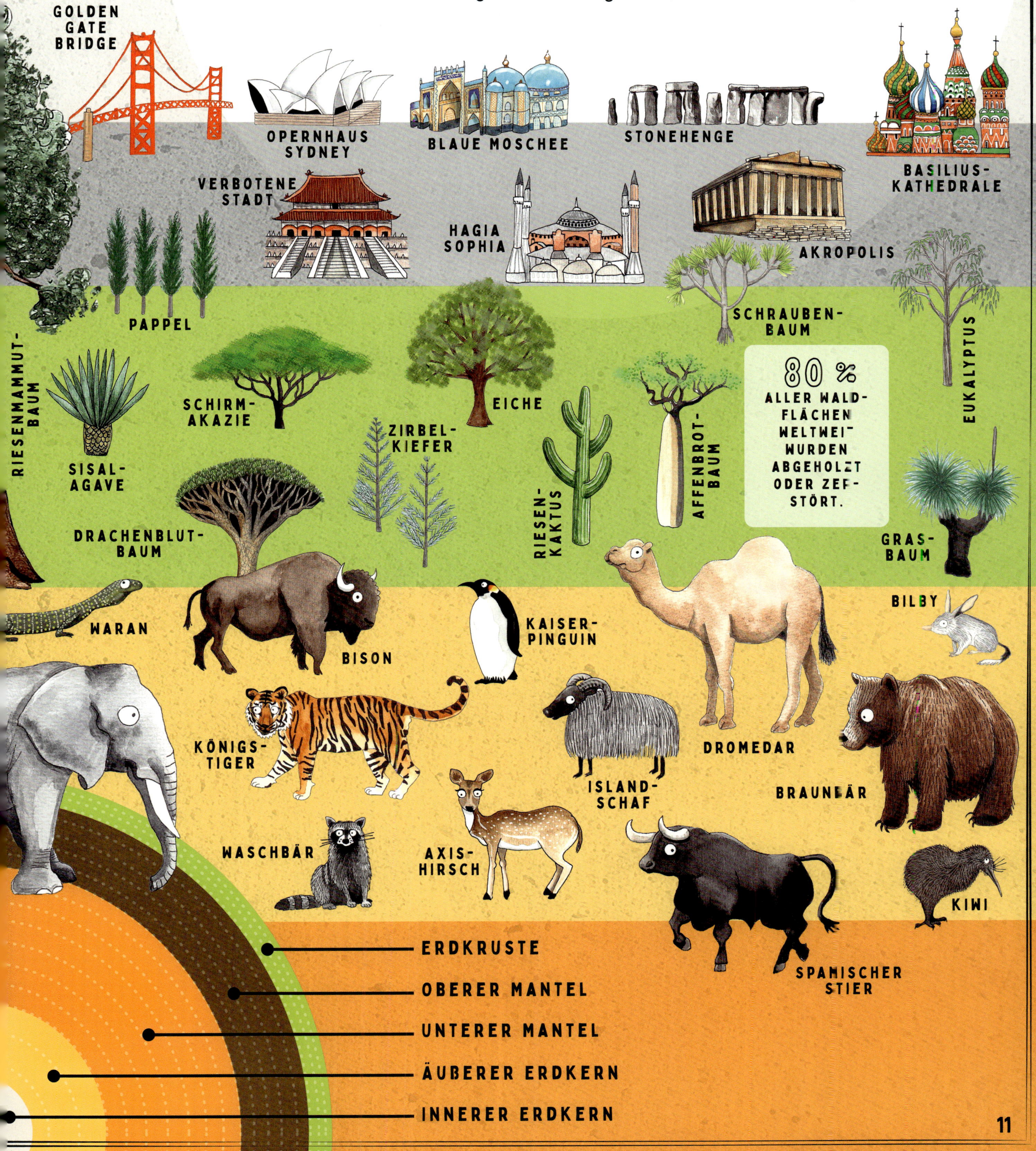

GOLDEN GATE BRIDGE
OPERNHAUS SYDNEY
BLAUE MOSCHEE
STONEHENGE
BASILIUS-KATHEDRALE
VERBOTENE STADT
HAGIA SOPHIA
AKROPOLIS
PAPPEL
SCHRAUBEN-BAUM
EUKALYPTUS
RIESENMAMMUT-BAUM
SCHIRM-AKAZIE
EICHE
SISAL-AGAVE
ZIRBEL-KIEFER
RIESEN-KAKTUS
AFFENBROT-BAUM

80 % ALLER WALD-FLÄCHEN WELTWEIT WURDEN ABGEHOLZT ODER ZERSTÖRT.

DRACHENBLUT-BAUM
GRAS-BAUM
WARAN
BISON
KAISER-PINGUIN
BILBY
KÖNIGS-TIGER
ISLAND-SCHAF
DROMEDAR
BRAUNBÄR
WASCHBÄR
AXIS-HIRSCH
KIWI
SPANISCHER STIER

ERDKRUSTE
OBERER MANTEL
UNTERER MANTEL
ÄUẞERER ERDKERN
INNERER ERDKERN

ZU WASSER

PAZIFISCHER OZEAN (165,2 MILLIONEN KM^2)

ATLANTISCHER OZEAN (92 MILLIONEN KM^2)

INDISCHER OZEAN (68,5 MILLIONEN KM^2)

SÜDLICHER OZEAN (20,3 MILLIONEN KM^2)

ARKTISCHER OZEAN (14 MILLIONEN KM^2)

OZEAN ODER MEER?

Es gibt fünf Ozeane, die 99 Prozent des Lebensraums auf der Erde ausmachen. Sie gehen in Meere, Meerengen, Golfe, Buchten, Fjorde, Sunde, Meeresarme und Flüsse über. Etwa siebzig Prozent der Erdoberfläche sind von Wasser bedeckt, doch wir haben erst fünf Prozent unserer Ozeane erforscht. Aufgrund der Klimaerwärmung steigt der Meeresspiegel an. Würde alles Eis der Erde schmelzen, würde er um 66 Meter steigen und zahllose Städte und Siedlungen entlang der Küsten würden versinken.

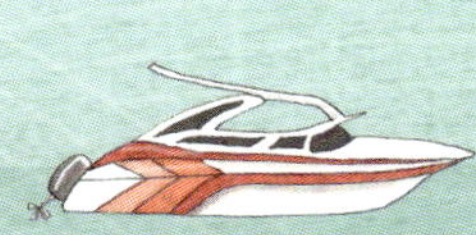

NICHT NUR FISCH!

Fische, Schalentiere, Krustentiere und Weichtiere sind nicht die einzigen Meeresbewohner. Die Tiere auf dieser Seite leben in oder an den Ozeanen und Meeren der Welt oder am Himmel über ihnen. Viele Seevögel können große Höhen erreichen und sogar monatelang fliegen, ohne einmal zu landen!

PELIKAN

DELFIN

SEIDENREIHER

WEDDELLROBBE

ESELSPINGUIN

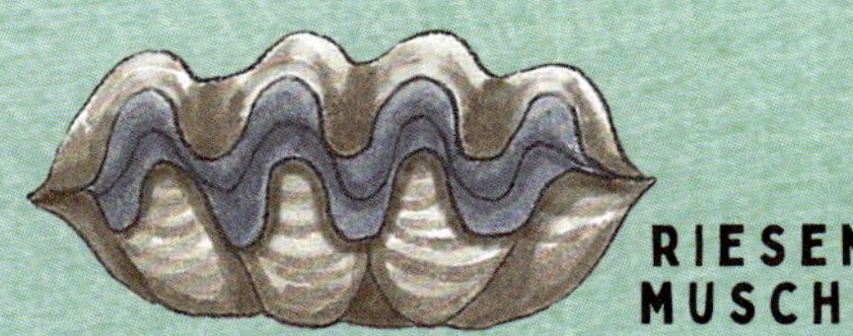

RIESENMUSCHEL

TOTAL VERRÜCKT!

Unter Wasser leben einige der merkwürdigsten Wesen der Welt. Hier siehst du nur ein paar dieser verrückten Geschöpfe. Manche leben in unglaublichen Tiefen. Der Koloss-Kalmar taucht zum Beispiel bis zu 2,2 Kilometer tief!

MONDFISCH

KOLOSSKALMAR

DIE LÄNGSTE GEBIRGSKETTE DER WELT BEFINDET SICH UNTER WASSER! DER MITTELOZEANISCHE RÜCKEN IST 65.000 KM LANG UND ERSTRECKT SICH ÜBER DREI OZEANE.

FEUERFIS

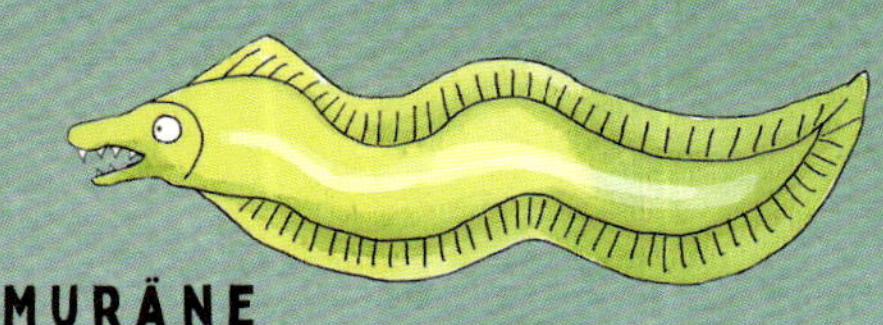

MURÄNE

NUR **2,5 %** DES WASSERS AUF DER ERDE IST SÜßWASSER.

WALE

Wale leben in allen Meeren rund um den Globus in sämtlichen Wassertemperaturen. Man unterscheidet zwischen Zahnwalen und Bartenwalen (also Walen ohne Zähne). Der Blauwal ist der größte Bartenwal und der Pottwal der größte Zahnwal. Hier siehst du einige der größten Wale der Welt.

BLAUWAL (33 M)

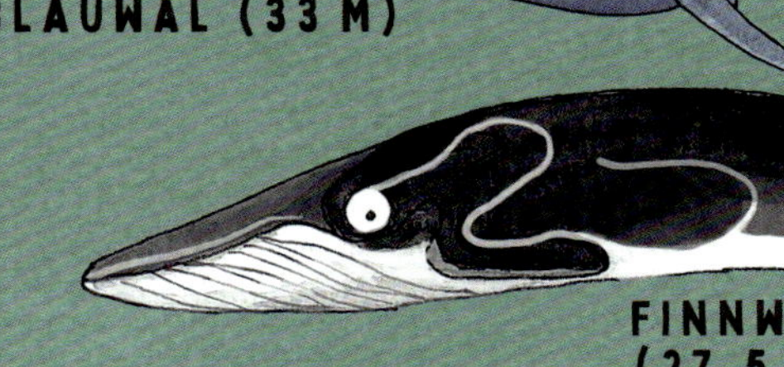

FINNWAL (27,5 M)

KÖNIGS-ALBATROS
WASSER, ÜBERALL WASSER!
GESAMTFLÄCHE DER OZEANE: 360 Millionen km²
GRÖßTER OZEAN: Pazifischer Ozean (ca. ein Drittel der Erdoberfläche)
GRÖßTES MEER: Philippinensee (5,7 Millionen km²)
TIEFSTER PUNKT: Marianengraben (-10.984 m)
KÄLTESTER OZEAN: Atlantischer Ozean
WÄRMSTER OZEAN: Indischer Ozean
SALZIGSTES MEER: Totes Meer (bis zu 33,7 % Salzanteil)
LÄNGSTER FLUSS: Nil (ca. 6.650 km)
GRÖßTES BINNENMEER: Kaspisches Meer (371.000 km²)
KNAPP 15 % DER WELTMEERE SIND MIT EIS BEDECKT, DOCH MIT FORTSCHREITEN-DER KLIMAERWÄR-MUNG WIRD DIESE FLÄCHE KLEINER.
172
68
LEISTEN-KROKODIL
PAPAGEI-TAUCHER
EISBÄR
DIE OZEANE PRODUZIEREN 70 % DES SAUER-STOFFS AUF DER ERDE!
CLOWN-FISCH
SEEANEMONE
DUGONG
PRACHT-FREGATTVOGEL
TROMPETEN-FISCH
RIEMENFISCH (BIS ZU 8 M!)
ES WAREN SCHON MEHR MENSCHEN IM WELTALL ALS AM GRUND DES OZEANS!
NARWAL
KUGELFISCH
HAMMERHAI
GROßER FETZENFISCH
PERLBOOT
SÜDKAPER (18,3 M)
SEIWAL (16 M)
POTTWAL (20,5 M)
BUCKELWAL (16 M)
ZWERGWAL (10,5 M)

AM HIMMEL

ATMOSPHÄRE

Die meisten Planeten in unserem Sonnensystem haben eine Schutzhülle aus Gas, doch die Erde ist der einzige Planet, auf dem Pflanzen und Tiere leben können (soweit wir wissen!). Die Erdatmosphäre besteht zu 78 Prozent aus Stickstoff, zu 21 Prozent aus Sauerstoff, zu 0,9 Prozent aus Argon und zu 0,04 Prozent aus Kohlenstoffdioxid (und aus winzigen Mengen von anderen Gasen wie Helium und Neon). Es gibt verschiedene Atmosphärenschichten, in denen die Luft immer dünner wird, je höher sie liegen.

KÖNIGS-ALBATROS

150 MILLIONEN KM BIS ZUR ERDE

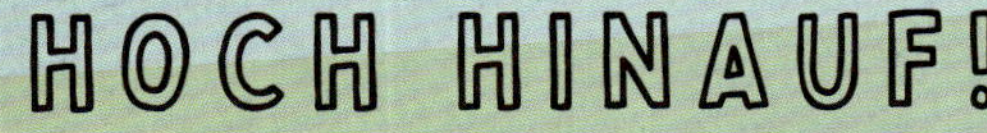

HOCH HINAUF!

Geier, Kraniche, Gänse, Schwäne, Störche und Kondore zählen zu den Vögeln, die am höchsten fliegen können. Den Rekord hält der Sperbergeier mit über 11.000 Metern. Das ist so hoch wie ein Flugzeug! Ebenfalls weit oben fliegen Hubschrauber, Heißluftballons … und am höchsten von allen Weltraumraketen und Satelliten. Polarlichter treten in einer Höhe von 640 Kilometern über der Erdoberfläche auf.

MONARCH-FALTER

ODYSSEUS-FALTER

HERRSCHER DER LÜFTE

Vom Spatz in deinem Garten bis zu Weitstreckenfliegern wie Zugvögeln, die von einem Ende der Welt ans andere reisen, sind Vögel die unangefochtenen Herrscher der Lüfte. Außer ihnen kannst du in der Luft auch Insekten und Fledermäuse (die einzigen Säugetiere, die fliegen können) entdecken. Und es gibt sogar durch die Luft gleitende Fische, Frösche, Reptilien oder Beuteltiere wie den Kurzkopfgleitbeutler.

RIESEN-TUKAN

HELLROTER ARA

WINDKRAFT

Windkraftanlagen erzeugen saubere, erneuerbare Energie. Ein Windrad kann mehrere Haushalte mit Strom versorgen. Windmühlen werden schon seit Jahrhunderten benutzt und sind rund um den Globus zu finden, auf Bauernhöfen ebenso wie an innerstädtischen Kanälen.

HOCH IN DER LUFT

OZONSCHICHT: hält gefährliche UV-Strahlen der Sonne von der Erde ab
TROPOSPHÄRE: bis 10 km Höhe von der Erdoberfläche
STRATOSPHÄRE: bis 50 km Höhe von der Erdoberfläche
MESOSPHÄRE: bis 80 km Höhe von der Erdoberfläche
KÁRMÁN-LINIE: gedachte Linie in 100 km Höhe, Grenze zum Weltraum
THERMOSPHÄRE: bis 800 km Höhe von der Erdoberfläche
EXOSPHÄRE: bis 10.000 km Höhe von der Erdoberfläche
ATMOSPHÄRE INSGESAMT: bis fast 644.000 km Höhe von der Erdoberfläche

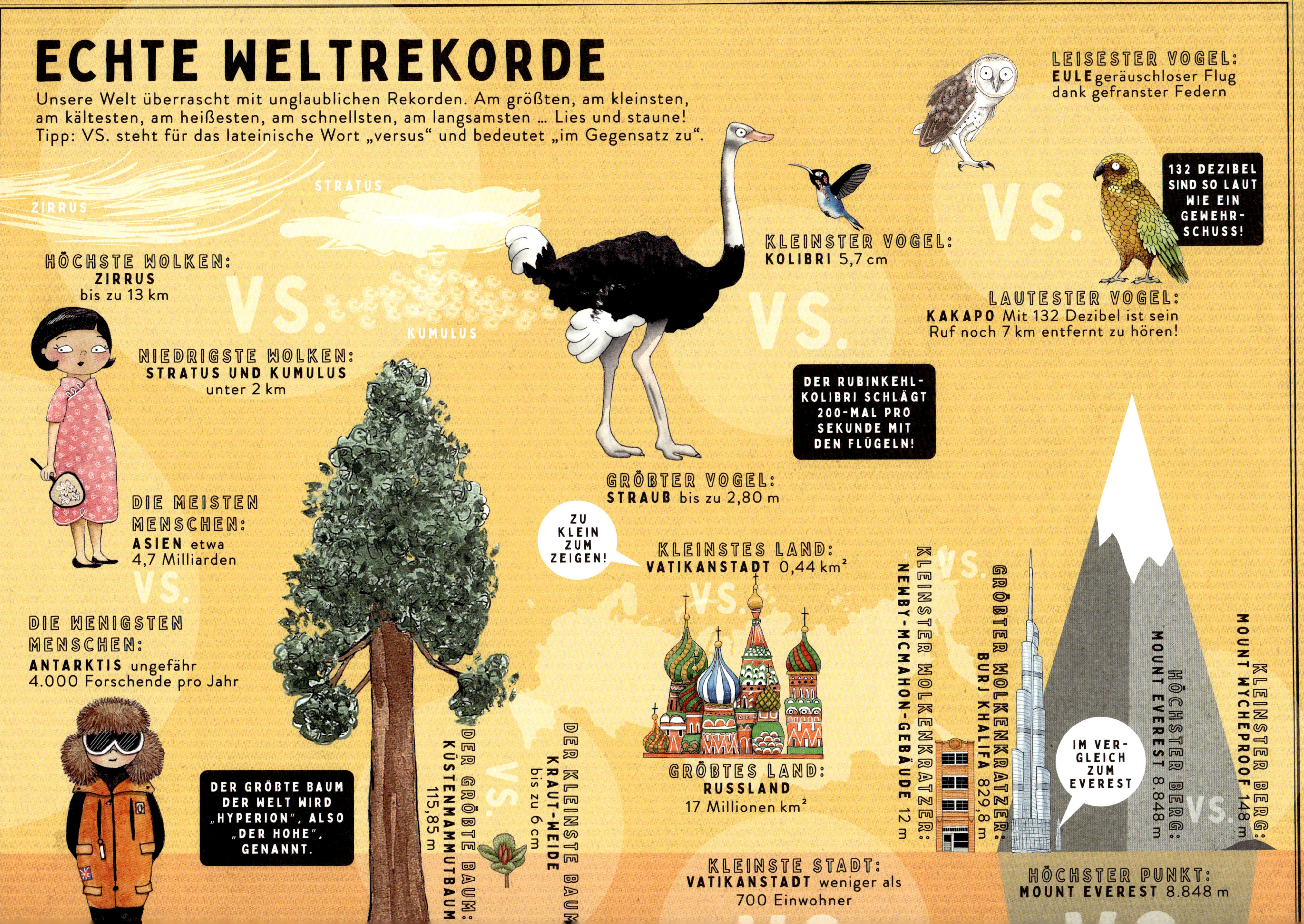
ECHTE WELTREKORDE
Unsere Welt überrascht mit unglaublichen Rekorden. Am größten, am kleinsten, am kältesten, am heißesten, am schnellsten, am langsamsten … Lies und staune!
Tipp: VS. steht für das lateinische Wort „versus“ und bedeutet „im Gegensatz zu“.
ZIRRUS
STRATUS
KUMULUS
HÖCHSTE WOLKEN: ZIRRUS bis zu 13 km
VS.
NIEDRIGSTE WOLKEN: STRATUS UND KUMULUS unter 2 km
DIE MEISTEN MENSCHEN: ASIEN etwa 4,7 Milliarden
VS.
DIE WENIGSTEN MENSCHEN: ANTARKTIS ungefähr 4.000 Forschende pro Jahr
DER GRÖßTE BAUM DER WELT WIRD „HYPERION“, ALSO „DER HOHE“, GENANNT.
DER GRÖßTE BAUM: KÜSTENMAMMUTBAUM 115,85 m
VS.
DER KLEINSTE BAUM: KRAUT-WEIDE bis zu 6 cm
GRÖßTER VOGEL: STRAUß bis zu 2,80 m
VS.
KLEINSTER VOGEL: KOLIBRI 5,7 cm
DER RUBINKEHL-KOLIBRI SCHLÄGT 200-MAL PRO SEKUNDE MIT DEN FLÜGELN!
LEISESTER VOGEL: EULE geräuschloser Flug dank gefranster Federn
VS.
LAUTESTER VOGEL: KAKAPO Mit 132 Dezibel ist sein Ruf noch 7 km entfernt zu hören!
132 DEZIBEL SIND SO LAUT WIE EIN GEWEHR-SCHUSS!
ZU KLEIN ZUM ZEIGEN!
KLEINSTES LAND: VATIKANSTADT 0,44 km²
VS.
GRÖßTES LAND: RUSSLAND 17 Millionen km²
KLEINSTE STADT: VATIKANSTADT weniger als 700 Einwohner
KLEINSTER WOLKENKRATZER: NEWBY-MCMAHON-GEBÄUDE 12 m
VS.
GRÖßTER WOLKENKRATZER: BURJ KHALIFA 829,8 m
IM VERGLEICH ZUM EVEREST
HÖCHSTER BERG: MOUNT EVEREST 8.848 m
VS.
KLEINSTER BERG: MOUNT WYCHEPROOF 148 m
HÖCHSTER PUNKT: MOUNT EVEREST 8.848 m

HEIßESTES LAND:
MALI durchschnittlich 28,25 °C
VS.
KÄLTESTES LAND:
KANADA durchschnittlich -5,35 °C
56,7 °C
HÖCHSTE TEMPERATUR:
DEATH VALLEY, USA, 1913
VS.
TIEFSTE TEMPERATUR:
WOSTOK-STATION, ANTARKTIS, 1983
-89,2 °C
NÖRDLICHSTE STADT:
NY-ÅLESUND, NORWEGEN
78° 55´ N, 11° 56´ O
VS.
SÜDLICHSTE STADT:
USHUAIA, ARGENTINIEN
54° 48´ S, 68° 18´ W
GRÖßTE STADT:
TOKIO, JAPAN
37,4 Millionen Einwohner
TIEFSTER PUNKT:
CHALLENGERTIEF, MARIANENGRABEN -10.984 m
BELEBTESTER ORT:
MONGKOK, STADTTEIL VON HONGKONG
VS.
RUHIGSTER ORT:
ZÜRICH, SCHWEIZ
ZÜRICH HAT DIE GERINGSTE LÄRMVERSCHMUTZUNG ALLER STÄDTE WELTWEIT.
SCHNELLSTES TIER:
GEPARD bis zu 100 km/h
VS.
LANGSAMSTES TIER:
FAULTIER 0,24 km/h
MIT 10.582 KM² IST SALAR DE UYUNI DIE GRÖßTE SALZWÜSTE DER WELT.
AM FLACHSTEN:
SALAR DE UYUNI, BOLIVIEN
S
VS.
AM BERGIGSTEN:
BHUTAN
98,8 % DES LANDES BHUTAN BESTEHEN AUS GEBIRGE!
DIE KLEINSTEN LEBEWESEN SIND BAKTERIEN: SIE SIND VIEL ZU KLEIN ZUM ZEIGEN!
IM VERGLEICH ZUM BLAUWAL
GRÖßTER LANDBEWOHNER:
AFRIKANISCHER ELEFANT 3,3 m hoch
VS.
GRÖßTER MEERESBEWOHNER:
BLAUWAL 33 m lang
REGENREICHSTE STADT:
MAWSYNRAM, INDIEN
11.871 mm pro Jahr
VS.
SONNIGSTE STADT:
YUMA, USA
4.015 Stunden pro Jahr

HALLO, WELT!

Eines der schönsten Dinge beim Reisen rund um die Welt ist, wenn du in der jeweiligen Landessprache „Hallo“ sagen kannst. Hier lernst du einige Begrüßungen!

KENNST DU DAS ABC?

Das lateinische Alphabet ist das weltweit meistgenutzte Schriftsystem. Doch viele Sprachen nutzen andere Buchstaben oder sogar Schriftzeichen, die Logogramme genannt werden (wie im Japanischen, siehe oben).

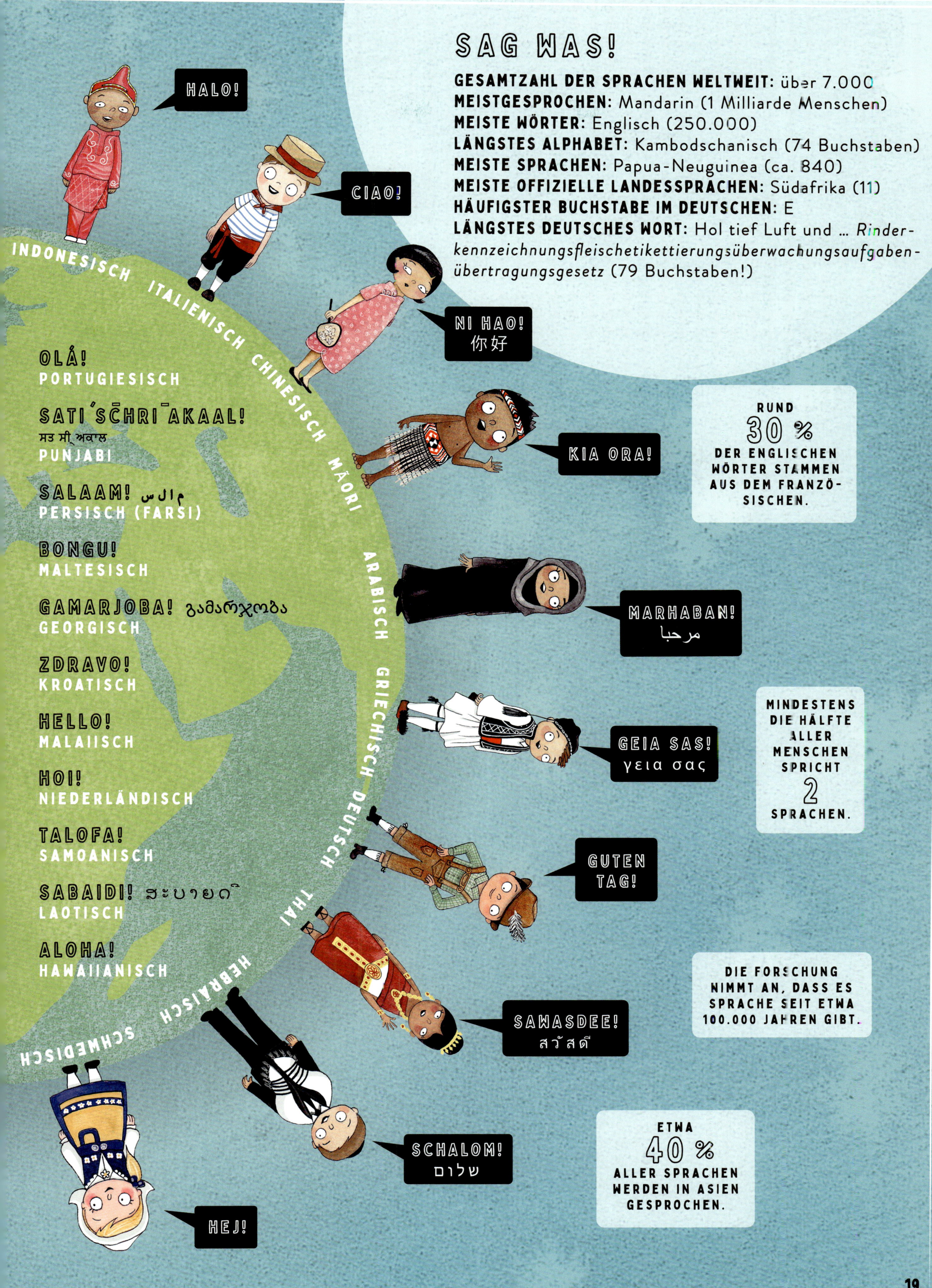
SAG WAS!
GESAMTZAHL DER SPRACHEN WELTWEIT: über 7.000
MEISTGESPROCHEN: Mandarin (1 Milliarde Menschen)
MEISTE WÖRTER: Englisch (250.000)
LÄNGSTES ALPHABET: Kambodschanisch (74 Buchstaben)
MEISTE SPRACHEN: Papua-Neuguinea (ca. 840)
MEISTE OFFIZIELLE LANDESSPRACHEN: Südafrika (11)
HÄUFIGSTER BUCHSTABE IM DEUTSCHEN: E
LÄNGSTES DEUTSCHES WORT: Hol tief Luft und … *Rinderkennzeichnungsfleischetikettierungsüberwachungsaufgabenübertragungsgesetz* (79 Buchstaben!)
HALO!
INDONESISCH
CIAO!
ITALIENISCH
NI HAO! 你好
CHINESISCH
KIA ORA!
MĀORI
MARHABAN! مرحبا
ARABISCH
GEIA SAS! γεια σας
GRIECHISCH
GUTEN TAG!
DEUTSCH
SAWASDEE! สวัสดี
THAI
SCHALOM! שלום
HEBRÄISCH
HEJ!
SCHWEDISCH
OLÁ!
PORTUGIESISCH
SATI ŚCHRI ĀKAAL! ਸਤ ਸ੍ਰੀ ਅਕਾਲ
PUNJABI
SALAAM! سلام
PERSISCH (FARSI)
BONGU!
MALTESISCH
GAMARJOBA! გამარჯობა
GEORGISCH
ZDRAVO!
KROATISCH
HELLO!
MALAIISCH
HOI!
NIEDERLÄNDISCH
TALOFA!
SAMOANISCH
SABAIDI! ສະບາຍດີ
LAOTISCH
ALOHA!
HAWAIIANISCH
RUND 30 % DER ENGLISCHEN WÖRTER STAMMEN AUS DEM FRANZÖSISCHEN.
MINDESTENS DIE HÄLFTE ALLER MENSCHEN SPRICHT 2 SPRACHEN.
DIE FORSCHUNG NIMMT AN, DASS ES SPRACHE SEIT ETWA 100.000 JAHREN GIBT.
ETWA 40 % ALLER SPRACHEN WERDEN IN ASIEN GESPROCHEN.

REGENBOGEN-PLANET

Von den rosa Kirschblüten in Japan bis zu den violetten Weintrauben in Italien ist unsere Welt ein Fest der Farben! Doch ein und dieselbe Farbe kann für verschiedene Dinge stehen, je nachdem, wo du bist!

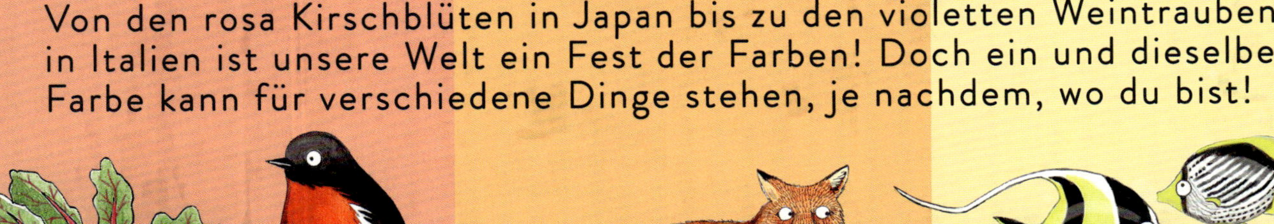

ROTE BETE

WANDERDROSSEL

KIRSCHEN

KIRSCHBLÜTE

CHINESISCHER DRACHE

HIMBEERE

KIRCHE VON KIRUNA

WEIHNACHTSMANN

ROT

Rot und Rosa stehen oft für Liebe! Für die indigenen Völker Australiens ist Rot eine heilige Farbe. In Asien bedeutet sie Glück, Frohsinn und Reichtum. Rot kann auch für Mut, Wut oder sogar Gefahr stehen!

RUBIN

GRANATAPFEL

FLAMINGO

ROTFUCHS

ULURU

CLOWNFISCH

MONARCHFALTER

ORANGE

Orange ist die Farbe des niederländischen Königshauses. Für Hindus ist sie heilig und buddhistische Mönche tragen oft orangefarbene Gewänder. Der Name stammt von saftigen Orangen.

ORANGE

HONIGTOPFAMEISE

MANGO

MOLTEBEEREN

ORANG-UTAN

KÖNIGSTIGER

SKALARE

KORALLE

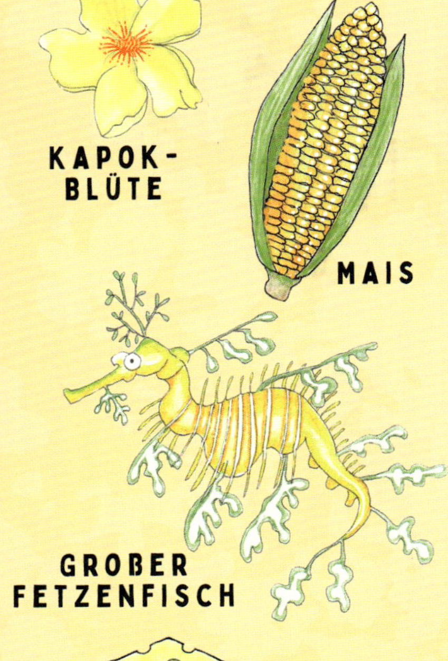

KAPOKBLÜTE

MAIS

GROßER FETZENFISCH

KÄSE

BIENE

GELB

Gelb ist die Farbe von Kreativität, Frohsinn, Mut und Tapferkeit, kann aber auch Feigheit bedeuten. Die Kaiser von China trugen Gelb. Im alten Ägypten stand Gelb für Trauer, in Deutschland und Frankreich symbolisiert es Neid.

HONIG

MARACUJA-EIS

GOLD

REGENBOGENLORI

BAUM DER REISENDEN

FLUNDER

VIERBLÄTTRIG KLEE

WELLENSITTICH

KIWI

FREIHEITSSTATUE

GRÜN

Grün ist die in der Pflanzenwelt vorherrschende Farbe. Sie steht für Leben, Wachstum, Natur und Kraft ebenso wie für Glück und Weisheit. Sie kann auch Geld, Neid oder Böses symbolisieren! Grün ist die heilige Farbe des Islam.

STRAßENBAHN VON MELBOURNE

BIRNE

LAUBFROSCH

SMARAGD

TRAUBEN

UNGEHEUER VON LOCH NESS

BLAU

Blau kann für Ruhe, Freiheit, Vertrauen, Frieden und Sicherheit stehen, aber auch Traurigkeit und Einsamkeit ausdrücken. In Korea ist Dunkelblau die Farbe der Trauer. Für Hindus bedeutet sie dagegen Freude. Im Nahen Osten repräsentiert sie das Himmelreich, in Griechenland und in der Türkei soll sie vor dem bösen Blick schützen.

VIOLETT

Violett ist die Farbe der Könige und Königinnen, von Reichtum und Macht. Oft steht sie für Glaube und Spiritualität. In Thailand und Brasilien ist sie die Farbe der Trauer. In den USA bedeutet sie Mut und Kraft. Violett gilt außerdem als Symbol für die Gleichstellung von Frauen und Männern und wurde zur Farbe der Frauenbewegung.

BRAUN

Braun wird als schlicht, stabil, unterstützend, ehrlich und stark empfunden, kann aber auch Gesundheit symbolisieren. Im Nahen Osten steht Braun für Trost, in einigen Ländern Asiens ist es die Farbe der Trauer.

SCHWARZ

Schwarz steht unter anderem für Stärke, Trauer, Eleganz, Magie und Pech! In einigen afrikanischen Ländern ist Schwarz ein Symbol für Alter und Weisheit. Für Muslime repräsentiert es die Wiedergeburt.

GEWÄNDER AUS ALLER WELT

Über viele Jahrtausende haben die Menschen auf der ganzen Welt ihre Kleidung an das vorherrschende Klima, das Wetter und ihren Lebensstil angepasst. Manche Gewänder sind praktisch und andere wirken richtig fein. Manche sind reich verziert und andere ganz schmucklos. Vom fellgefütterten Anorak am Polarkreis bis zum bunten Seiden-Sari in Indien – hier lernst du einige traditionelle Trachten und beliebte Kleidungsstücke aus aller Welt kennen.

DIE

AUSTRALIEN
ITALIEN
NIGERIA
KOREA
LITAUEN
IRAK
NEUSEELAND
FRANKREICH
SCHWEIZ
KANADA
ÄGYPTEN
CHINA
UKRAINE
RUSSLAND
ISRAEL
THAILAND

WELT

GENIALE BAUWERKE

Von frühgeschichtlichen Bauten und in Felsen geschlagenen Tempeln bis hin zu himmelhohen Wolkenkratzern aus Stahl und Glas findest du auf dieser Seite einige der schönsten und berühmtesten Bauwerke der Welt. Die UNESCO hat einige davon zum Weltkulturerbe erklärt, um sicherzustellen, dass sie gut gepflegt werden.

OPERNHAUS SYDNEY, Australien
Im Hafen von Sydney thront das berühmte Opernhaus. Seine wie Segel wirkenden Dächer sind mit mehr als einer Million Fliesen aus Schweden bedeckt. Gekühlt wird das Gebäude mit Wasser aus dem Hafenbecken.

SAGRADA FAMÍLIA, Spanien
Der Bau dieser ungewöhnlichen Kirche, die vom Architekten Antonio Gaudí entworfen wurde, begann im Jahr 1882 in Barcelona – und er dauert bis heute an! Wenn sie fertig ist, wird sie achtzehn Türme haben.

FREIHEITSSTATUE, USA
Dieses Wahrzeichen der Freiheit war einst ein Geschenk Frankreichs an die USA. Die Statue der Göttin Libertas steht im Hafen von New York und ist 93 Meter hoch. Die Spitze der Fackel in ihrer Hand ist vergoldet, die sieben Zacken an ihrer Krone symbolisieren die sieben Kontinente.

HAGIA SOPHIA, Türkei
Dieses Gebäude in Istanbul war ursprünglich eine Kirche, dann eine Moschee und schließlich ein Museum. Seit 2020 wird es wieder als Moschee genutzt. Die Hagia Sophia ist fast 1.500 Jahre alt, sie wurde in nur sechs Jahren gebaut und hat eine riesige Kuppel!

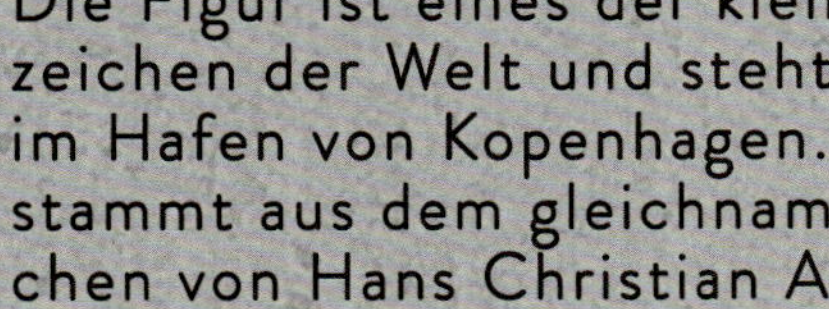

DIE KLEINE MEERJUNGFRAU, Dänemark
Die Figur ist eines der kleinsten Wahrzeichen der Welt und steht seit 1913 im Hafen von Kopenhagen. Ihr Vorbild stammt aus dem gleichnamigen Märchen von Hans Christian Andersen.

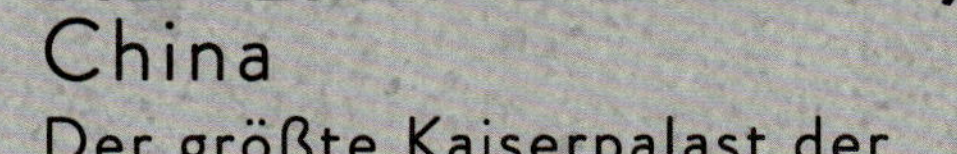

DIE VERBOTENE STADT, China
Der größte Kaiserpalast der Welt besteht aus 980 Gebäuden! Er liegt im Zentrum von Peking, wurde im Jahr 1420 von rund einer Million Arbeitern fertiggestellt und war Regierungssitz von 24 chinesischen Kaisern.

BURJ KHALIFA, Vereinigte Arabische Emirate
Dieses Gebäude steht seit 2009 in Dubai und ist mit 829,8 Metern das höchste der Welt. Der Aufzug zur Besucherplattform ist superschnell: Er fliegt die 124 Stockwerke in einer Minute empor!

KIRCHE VON KIRUNA, Schweden
Diese Kirche ist eines der größten Holzgebäude Schwedens. Sie ist einem Zelt des indigenen Volks der Samen nachempfunden und wurde schon zum beliebtesten Gebäude Schwedens gewählt!

WESTMINSTERPALAST, Großbritannien
Der Westminsterpalast war einst ein Königspalast und ist nun der Sitz des britischen Parlaments in London. Zweimal wurde er zerstört und wieder aufgebaut. Die größte Glocke im Uhrturm heißt *Big Ben*.

PYRAMIDEN VON GIZEH, Ägypten
Diese Pyramiden wurden vor rund 4.500 Jahren als Gräber für ägyptische Pharaonen erbaut. Die größte besteht aus rund 2,3 Millionen Steinen!

TADSCH MAHAL, Indien
Diese Grabstätte wurde in Erinnerung an die Gattin eines Herrschers zwischen 1632 und 1648 von rund 22.000 Menschen erbaut. Sie ist mit weißem Marmor verkleidet. Etwa 1.000 Elefanten transportierten die Baumaterialien zur Stadt Agra.

ANGKOR WAT, Kambodscha
Angkor Wat ist die größte Tempelanlage der Welt. Sie wurde vor rund 900 Jahren auf einer Fläche von 400 Quadratkilometern aus Sandstein erbaut.

AKROPOLIS, Griechenland
Die Akropolis von Athen wurde vor über 2.460 Jahren als Stadtfestung auf einem 156 Meter hohen Felsen erbaut. Sie besteht aus Kalkstein, der so alt ist wie die Dinosaurier. Ein Tempel, der Parthenon, war der Stadtgöttin Athene geweiht.

WINDMÜHLEN, Niederlande
Windmühlen wurden in den Niederlanden zum Mahlen, Wasserschöpfen, zur Papierherstellung und zu vielem mehr eingesetzt. Heute gibt es dort immer noch über 1.000 Windmühlen.

EIFFELTURM, Frankreich
Der Pariser Eiffelturm ist eine der beliebtesten Sehenswürdigkeiten der Welt. Er wurde 1889 errichtet und war eine Zeit lang das höchste Bauwerk der Welt. Im Sommer wächst er um bis zu dreißig Zentimeter, weil sich das Gusseisen in der Hitze ausdehnt!

KOLOSSEUM, Italien
Über 10.000 Sklaven erbauten zwischen 72 und 80 n. Chr. das Kolosseum in Rom. Es wurde mit Festspielen und Gladiatorenkämpfen eingeweiht, die 100 Tage dauerten! Vermutlich fanden über 50.000 Zuschauer darin Platz!

PORT ARTHUR, Australien
Port Arthur war ein Hochsicherheitsgefängnis, in das die Regierung von Großbritannien zwischen 1830 und 1853 insgesamt etwa 12.000 Häftlinge schickte. Es wurde 1877 geschlossen.

PETRONAS-TÜRME, Malaysia
Die Petronas-Türme stehen in Kuala Lumpur. Die auf 172 Metern zwischen den Türmen angebrachte, doppelstöckige Stahlbrücke ist die höchste Gebäudebrücke der Welt. Jeder Turm ist mit Tausenden von Glasscheiben bedeckt und wiegt rund 300.000 Tonnen!

STONEHENGE, Großbritannien
Der Bau dieser steinzeitlichen Kultstätte aus riesigen Megalithen dauerte etwa 1.000 Jahre. Begonnen wurde damit vor rund 5.000 Jahren.

GOLDEN GATE BRIDGE, USA
Diese Brücke führt über eine 1,6 Kilometer breite Bucht. Sie war einst die längste Hängebrücke der Welt. Ihre auffällige Farbe wird *International Orange* genannt. Durch sie ist die Brücke auch an einem typisch nebeligen Tag in San Francisco gut zu sehen.

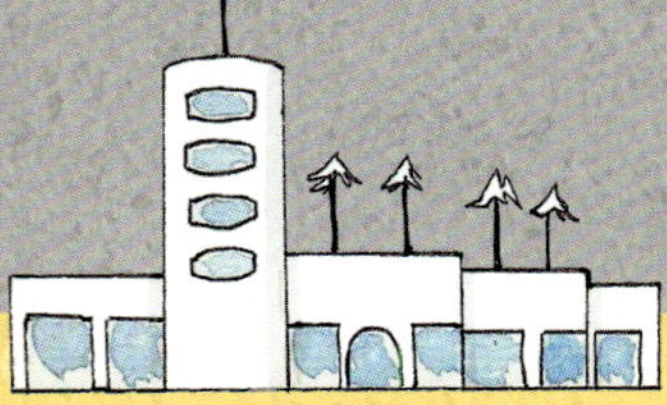

SCHNEEBURG VON KEMI, Finnland
Die größte Schneeburg der Welt muss jedes Jahr neu geplant und errichtet werden. Sie wird als Hotel genutzt. Die Gäste bekommen Felldecken und Arktis-Schlafsäcke, die sie bei minus fünf Grad Raumtemperatur gut gebrauchen können.

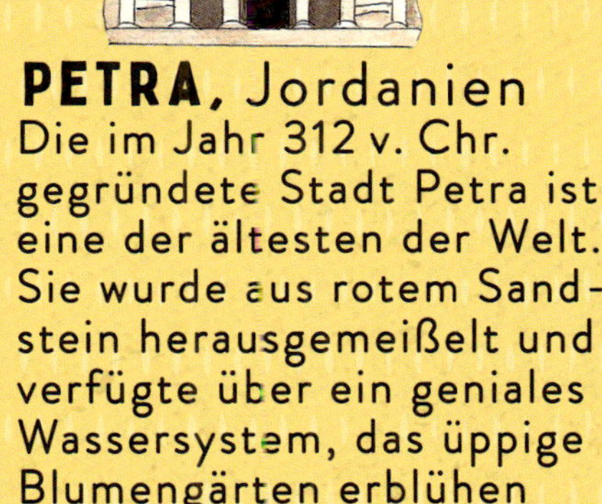

PETRA, Jordanien
Die im Jahr 312 v. Chr. gegründete Stadt Petra ist eine der ältesten der Welt. Sie wurde aus rotem Sandstein herausgemeißelt und verfügte über ein geniales Wassersystem, das üppige Blumengärten erblühen ließ – mitten in der Wüste!

MOAI, Osterinseln
Diese riesigen Steinstatuen wurden vor rund 900 Jahren von den Rapa Nui gemeißelt. Heute sind noch insgesamt 887 erhalten. Die meisten Moai haben auch Körper, die im Laufe der Zeit von Erde bedeckt wurden.

BASILIUS-KATHEDRALE, Russland
Die Basilius-Kathedrale ist mit ihren leuchtenden Farben und den typischen Zwiebeltürmen eines der Wahrzeichen Moskaus. Sie wurde im Jahr 1561 fertiggestellt. Eigentlich besteht die Kathedrale aus neun Kirchen! Heute ist sie ein Museum.

DAS WEIßE HAUS, USA
Diese riesige Villa in Washington, D. C. ist der Amtssitz des amerikanischen Präsidenten. Sie hat sechs Stockwerke, 132 Räume und 35 Badezimmer! George Washington ist der einzige Präsident, der niemals im Weißen Haus wohnte. Den Namen „Weißes Haus" gab ihm Präsident Roosevelt im Jahr 1901.

CHICHÉN ITZÁ, Mexiko
Diese heilige Stadt wurde vor über 1.400 Jahren vom Volk der Maya erbaut. Die Pyramide *El Castillo* („Die Burg") ist der unangefochtene Publikumsmagnet von Chichén Itzá.

GUTEN APPETIT!

An diesem Büfett kannst du dich durch die Welt schlemmen und Köstlichkeiten aus vielen verschiedenen Ländern probieren! Obst und Gemüse, herrlich süße Nachspeisen und Nationalgerichte – von Polen bis nach Peru! Lass dir schokoladenüberzogene Churros in Spanien, durchsichtige Nudeln in Japan oder Honigtopfameisen in Australien schmecken. Auch das gehört zum Reisen dazu: aufregende, neue Geschmäcker kennenzulernen!

BERÜHMTE GERICHTE

TEIGTASCHEN

Teigtaschen gibt es in vielen Ländern, doch am berühmtesten sind vielleicht die chinesischen. Sie werden bis oben hin mit saftigem Fleisch und Gemüse gefüllt und dann in Dampf oder Fett gegart.

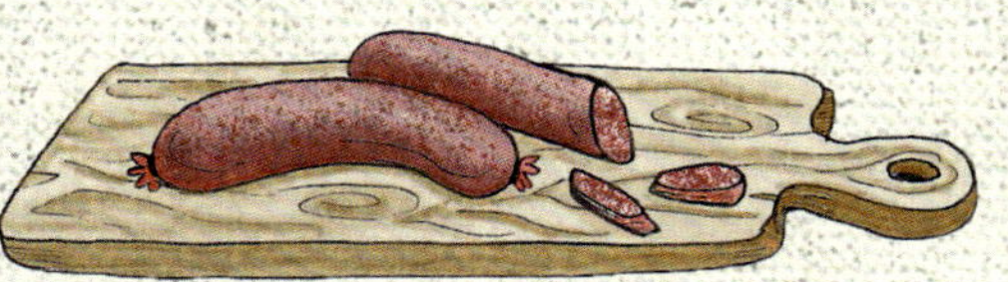

WURST

Deutschland ist berühmt für seine Würste. Es gibt rund 1.500 verschiedene Arten, die bekanntesten sind wohl Bratwürste.

REIS

Fast 90 Prozent des weltweit angebauten Reises werden in Asien gegessen.

PIROGGEN

Piroggen sind osteuropäische Teigtaschen. Es gibt sie sowohl mit süßer als auch mit herzhafter Füllung.

KEBAB

Viele Länder haben ihre eigene Art, Kebab zuzubereiten. Dieser türkische Shish Kebab wird mit Tomaten und grüner Paprika am Spieß gegrillt.

SUSHI

Würdest du rohen Fisch und klebrigen Reis, die mit Algen umwickelt werden, essen? Sushi wurde in Japan vor rund 1.200 Jahren zum ersten Mal hergestellt und ist heute weltweit beliebt.

PIE

Diese kuchenförmigen Pasteten, die mit Gemüse, Fleisch, Obst oder Vanillecreme gefüllt werden, sind in aller Welt beliebt. Dabei sollte der Teig ursprünglich nicht gegessen werden. Er war nur ein Behältnis für die Füllung!

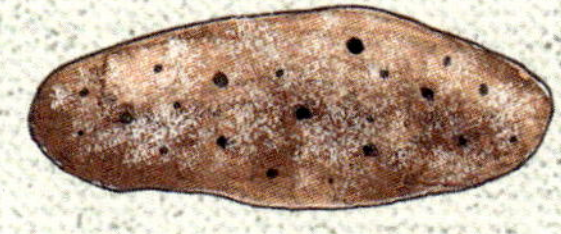

RUISLEIPÄ

Dieses dunkle Roggenbrot ist in ganz Finnland beliebt. Es hält sich über Monate, ohne schlecht zu werden.

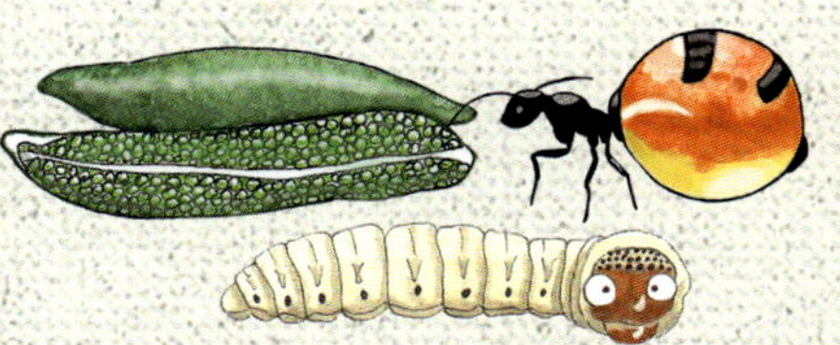

BUSH TUCKER

Australische Fingerlimette, Honigtopfameisen und Witchetty-Maden zählen zu den Spezialitäten, die die indigenen Völker Australiens *Bush Tucker* nennen. Das bedeutet „Nahrung aus der Natur“.

NUDELN

Nudeln wurden vor etwa 4.000 Jahren in China „erfunden“. Seither wurden sie in die Speisepläne unzähliger Länder aufgenommen – zum Beispiel als Reisnudeln, Udon, Ramen, Glasnudeln, Eiernudeln und Spaghetti!

PIZZA

Die erste Pizza wurde in Neapel in Italien gebacken. Die berühmte „Pizza Margherita“ soll im Jahr 1889 für Königin Margherita mit Tomaten, Mozzarella und Basilikum belegt worden sein.

PAVLOVA

Wer hat dieses köstliche Dessert aus Baiser und Sahne erfunden? Australier und Neuseeländer streiten sich bis heute!

KAFFEE ODER TEE?

Ein gefilterter Kaffee in den USA oder ein Caffè Latte in Italien? Ein grüner Matcha-Tee in Japan oder ein schwarzer Tee mit Milch in England? Ein dicker, süßer Mokka in der Türkei oder ein aus dem Samowar aufgegossener Tee in Russland? Lecker!

TUTTI FRUTTI

Kokosnüsse von den pazifischen Inseln, Kiwis aus Neuseeland, Äpfel aus Polen, Bananen aus Ecuador und Preiselbeeren aus Schweden. So kommt die Welt in deinem Obstkorb zusammen!

SCHWEDISCHE PREISELBEEREN

SERBISCHE HIMBEEREN

INDONESISCHE STACHELBEEREN

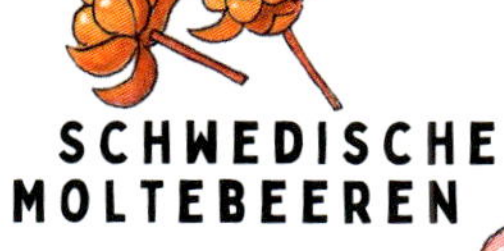

SCHWEDISCHE MOLTEBEEREN

AMERIKANISCHE CRANBERRYS

NASCHEREIEN

Unser Süßigkeitenladen platzt vor Leckereien aus der ganzen Welt fast aus allen Nähten: Kuchen, Teilchen, Kekse, Eiscreme, Feingebäck und Geschenke der Natur wie Honig und Ahornsirup!

GRIECHISCHES BAKLAVA

FRANZÖSISCHE MACARONS

AUSTRALISCHE LAMINGTONS

ITALIENISCHES EIS

JAPANISCHE MOCHI

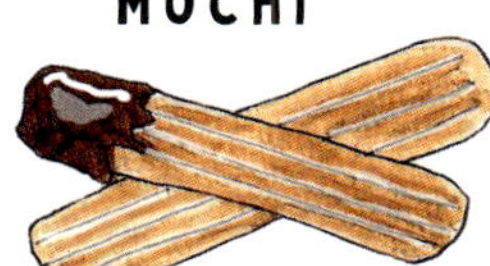

SPANISCHE CHURROS

ITALIENISCHER TARTUFO

TÜRKISCHER LOKUM

UKRAINISCHER HONIG

KANADISCHER AHORNSIRUP

AMERIKANISCHE DONUTS

GRUNDNAHRUNGSMITTEL

Vieles, was du tagtäglich isst, wird rund um den Globus angebaut und hergestellt. Hast du schon einmal griechisches Olivenöl, Kartoffeln aus Peru, Avocados aus Mexiko und Pasta aus Italien probiert? Weltweit gibt es auch unendlich viele Brotsorten, doch entstanden ist Brot wohl ursprünglich im Nahen Osten.

SCHWEIZER KÄSE

FRANZÖSISCHER BRIE

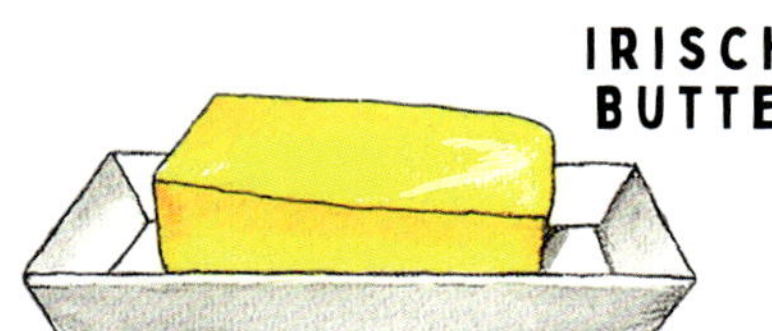

IRISCHE BUTTER

ITALIENISCHE PASTA

GRIECHISCHES OLIVENÖL

AMERIKANISCHES SAUERTEIGBROT

GEMÜSE

HOLLÄNDISCHE TOMATEN

MEXIKANISCHE AVOCADOS UND CHILIS

PERUANISCHE KARTOFFELN

RUSSISCHE ROTE BETE

SO WOHNEN WIR

Rund um den Globus gibt es unendlich viele Arten, sich ein Dach über dem Kopf zu bauen – von unterirdischen Bauten über ein bewegliches Zuhause bis hin zu klitzekleinen *Tiny Houses*. Hier bekommst du einen Eindruck davon, wie Menschen ihre Häuser gestalten, um sie an ihre täglichen Bedürfnisse, das Klima und ihre Umgebung (vom steilen Berghang bis zum Sumpf) anzupassen.

HÖHLEN

Die ersten Menschen lebten in Höhlen. Dort war es warm und trocken und sie waren vor Gefahren geschützt. Auch heute leben noch einige Menschen in unterirdischen Felshöhlen, etwa in Kappadokien in der Türkei oder in Coober Pedy in der Wüste Australiens.

ZELTE

Menschen nutzen Jurten, Wigwams, Lavvus und Tipis, um im Wandel der Jahreszeiten umherzuziehen oder Tierherden zu folgen. Einige dieser Zelte und Unterschlüpfe werden aus Tierhäuten hergestellt.

GEBÄUDE AUS LEHM

Jahrtausendelang haben Menschen überall auf der Welt Behausungen aus Erde gebaut. Die Tulou in China oder die Lehmtürme, die als Symbol Togos gelten, gehören zu den größten Lehmgebäuden weltweit. Heute wird Lehm als nachhaltiger Baustoff wiederentdeckt. Weil Lehm vielerorts vorkommt, wird er auch zum Bau von ärmlichen Behausungen benutzt, oft zusammen mit Holz oder Wellblech.

HÜTTEN

Hütten sind Häuser einfachster Bauart aus Steinen, Holz, Blättern, Eis und allem, was man bekommen kann. Beispiele für Hütten sind südafrikanische Rondavels, arktische Iglus oder indonesische Honai. In Westafrika bauen Viehhirten sogar Hütten aus verflochtenem Schilfgras.

HOLZHÄUSER

Es gibt viele Arten, Häuser aus Holz zu bauen: von der russischen Isba bis zum bunt angemalten Haus in Finnland, vom Farmhaus im australischen Outback bis zu den in die Landschaft hineingebauten Torfhöfen in Island.

STELZENHÄUSER

Stelzenhäuser stehen auf Pfählen, die die Häuser über das Wasser heben. Beispiele dafür sind Eukalyptusholzhäuser in Ecuador oder die Khmer-Häuser in Kambodscha. Andere Stelzenhäuser wie die australischen Queenslander-Häuser fangen in luftiger Höhe kühlende Brisen ein.

ÖKOHÄUSER

Ökohäuser werden mit Rücksicht auf die Umwelt gebaut. Dabei werden recycelte Materialien genutzt. Die Häuser werden so gebaut, dass sie weniger Energie verbrauchen und Strom aus erneuerbaren Quellen wie Solarzellen nutzen.

TINY HOUSES

Mit der stetig wachsenden Weltbevölkerung hat die Beliebtheit der winzigen *Tiny Houses* zugenommen. Sie brauchen wenig Platz, sind günstiger im Unterhalt und oftmals nachhaltiger und so besser für unseren Planeten.

TINY HOUSE
KANADA

WOHNHAUS

Eines der üblichsten Wohnhäuser weltweit ist das Einfamilienhaus. Es kann aus allen möglichen Materialien gebaut werden. Andere Arten von Wohnhäusern sind das Cottage, der Bungalow, die Villa und die Ranch.

REIHENHAUS

Dabei stehen viele schmale Häuser eng aneinander in einer Reihe. Besonders oft sind sie in Städten wie London oder Amsterdam zu sehen.

HÄUFIG

WOHNUNG

Eine Wohnung (oder auch Apartment) kann sich in einem Haus überall vom Kellergeschoss bis zum höchsten Stock eines Wolkenkratzers befinden. Heutzutage sind Städte wie Hongkong oder New York voller Apartment-Hochhäuser, doch zum ersten Mal erbaut wurden sie schon vor 2.000 Jahren im alten Rom.

HÜTTEN

RONDAVEL
SÜDAFRIKA

SCHILFGRASHÜTTE
WESTAFRIKA

IGLU
POLARKREIS

HONAI
INDONESIEN

DAS IGLU IST EINE „BEHAUSUNG AUF ZEIT". WENN ES WÄRMER WIRD, SCHMILZT ES.

ZELTE

ZELTE SIND BEWEGLICHE BEHAUSUNGEN, DIE ÜBERALLHIN MITGENOMMEN WERDEN KÖNNEN.

TIPI
NORD-AMERIKA

LAVVU
SKANDINAVIEN

JURTE
MONGOLEI

LEHM

HAUS AUS LEHMZIEGELN UND BLECH
WELTWEIT

LEHMTÜRME
TOGO

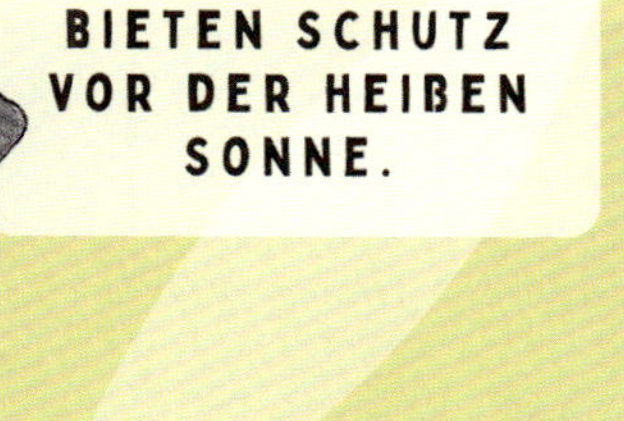

TULOU
CHINA

LEHMHÄUSER SIND GÜNSTIG ZU BAUEN UND BIETEN SCHUTZ VOR DER HEIßEN SONNE.

FARMHAUS
AUSTRALIEN

STELZEN

KHMER-HAUS
KAMBODSCHA

QUEENSLANDER
AUSTRALIEN

STELZENHAUS
ECUADOR

IN DER ARKTIS HALTEN STELZEN DAS HAUS EIN STÜCK VOM EISKALTEN BODEN WEG.

HOLZ

VIELE HÄUSER IN FINNLAND WERDEN IN EINER TRADITIONELLEN FARBE, DIE FALUN-ROT HEIßT, GESTRICHEN.

REIHENHAUS
FINNLAND

ISBA-BLOCKHÜTTE
RUSSLAND

BUNTE HÄUSER
GRÖNLAND

TORFHOF
ISLAND

EINZIGARTIG

BAUMHAUS
DÄNEMARK

LEUCHTTURM
IRLAND

HAUSBOOT
NIEDERLANDE

BURG
SCHOTTLAND

SCHIFFSCONTAINER
THAILAND

MÖCHTEST DU HIER WOHNEN?

Würdest du gern in einem Leuchtturm wohnen? Oder in einer Burg? Wie wäre es mit einem Baumhaus oder einem Hausboot? Einem Schiffscontainer aus Stahl? Da das Wohnen stetig teurer wird, suchen immer mehr Menschen nach alternativen Möglichkeiten, die man (wieder) bewohnbar machen kann, etwa alte Gebäude oder Gegenstände wie Schiffscontainer! Daraus können echt coole Wohnorte werden!

REICHE BLÜTENPRACHT

Es gibt etwa 260.000 Blüten tragende Pflanzenarten auf allen sieben Kontinenten – sogar in der Antarktis! Von den Spitzen der Bäume bis zum Grund der Ozeane beschenkt uns Mutter Natur mit ihren schönsten Blumenkreationen. Und wir können uns nicht nur an ihnen erfreuen, sondern verwenden sie unter anderem auch in Parfüms oder essen sie.

TROPISCHE BLUMEN SIND AN WARMEN, FEUCHTEN ORTEN ZU FINDEN. DAZU ZÄHLEN HIBISKUS UND FRANGIPANI.

VOR MEHREREN HUNDERT JAHREN WAREN TULPEN WERTVOLLER ALS GOLD!

LAVENDEL
HELIKONIE
ORCHIDEE
KIRSCH-
BLÜTE
DIE ERSTEN BLÜTEN-
PFLANZEN ERSCHIENEN
VOR 250 BIS 140 MILLIONEN
JAHREN!
GOLD-
AKAZIE
DIE ESSBAREN
TEILE VON
BROKKOLI SIND
EIGENTLICH
BLÜTEN!
STURT'S
DESERT
ROSE
QUEENSLAND-
ORCHIDEE
FLAMMENBAUM-
BLÜTE
MOOR-
GLÖCKCHEN
CALYTRIX
FLANELL-
BLUME
PASSIONSBLUME
BANKSIA
ROTBLÜTIGER
KURRAJONG
DIE WELT WURDE IN NEUN
BOTANISCHE KONTINENTE
UNTERTEILT: EUROPA,
AFRIKA, ASIEN-GEMÄßIGT,
ASIEN-TROPISCH, AUSTRAL-
ASIEN, PAZIFIK, NORDAMERIKA,
SÜDAMERIKA, ANTARKTIS.
PROTEA
MAUER-
GÄNSEBLÜMCHEN
JACARANDA

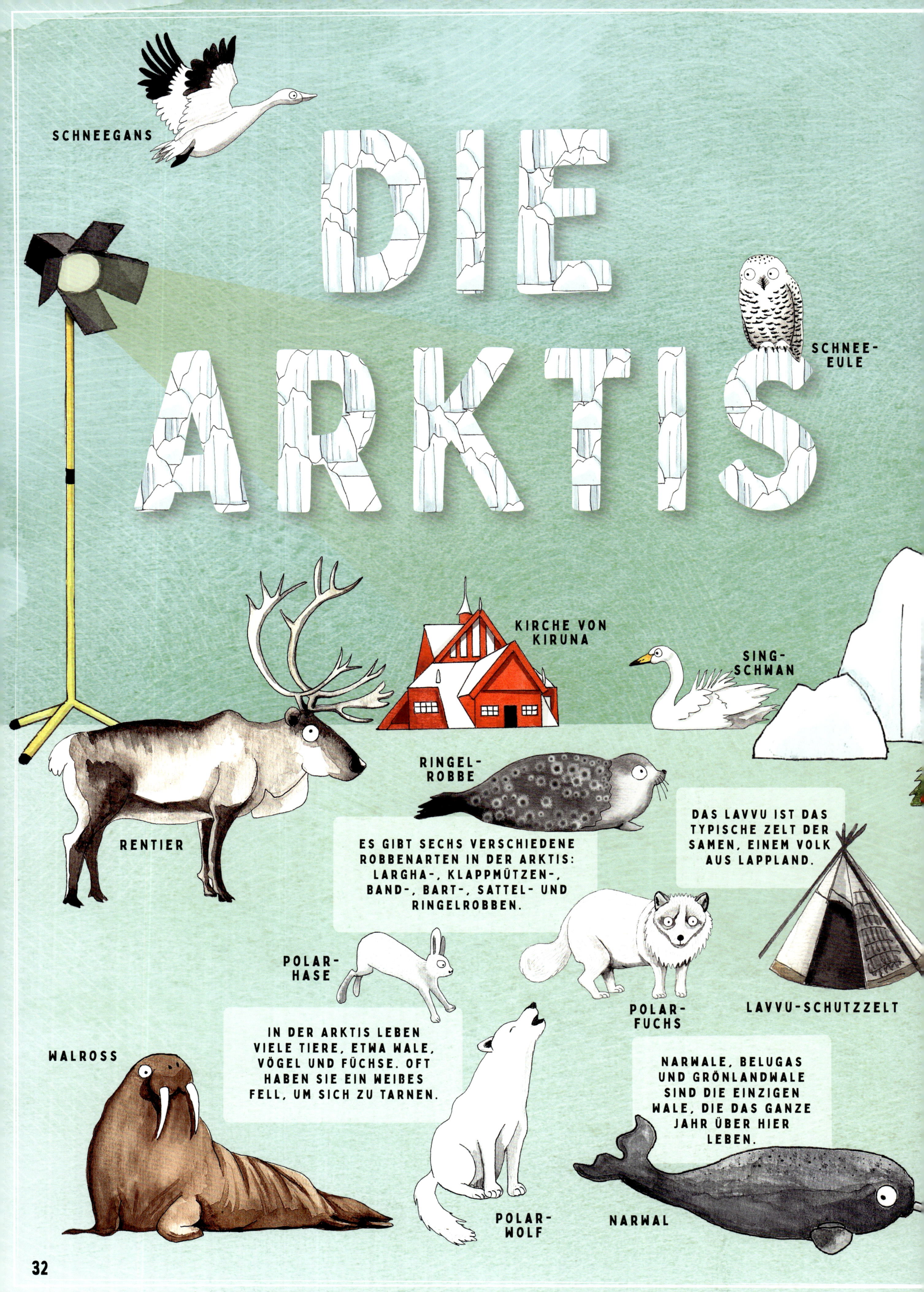
SCHNEEGANS
DIE ARKTIS
SCHNEE-
EULE
KIRCHE VON
KIRUNA
SING-
SCHWAN
RINGEL-
ROBBE
RENTIER
ES GIBT SECHS VERSCHIEDENE ROBBENARTEN IN DER ARKTIS: LARGHA-, KLAPPMÜTZEN-, BAND-, BART-, SATTEL- UND RINGELROBBEN.
DAS LAVVU IST DAS TYPISCHE ZELT DER SAMEN, EINEM VOLK AUS LAPPLAND.
POLAR-
HASE
POLAR-
FUCHS
LAVVU-SCHUTZZELT
WALROSS
IN DER ARKTIS LEBEN VIELE TIERE, ETWA WALE, VÖGEL UND FÜCHSE. OFT HABEN SIE EIN WEIßES FELL, UM SICH ZU TARNEN.
NARWALE, BELUGAS UND GRÖNLANDWALE SIND DIE EINZIGEN WALE, DIE DAS GANZE JAHR ÜBER HIER LEBEN.
POLAR-
WOLF
NARWAL

DER EISIGE NORDPOL

Im äußersten Norden unseres Planeten liegt die Arktis. So wird das Gebiet des Arktischen Ozeans genannt, der zwischen den Kontinenten Amerika, Asien und Europa liegt und der rund um den Nordpol das ganze Jahr über zugefroren ist. Anders als die Antarktis ist die Arktis kein Kontinent. Hier könntest du vielleicht den Weihnachtsmann sehen, aber gewiss keine Bäume. Es gibt zwar Pflanzen, jedoch fast ausschließlich Moose, Gräser und Flechten. Aufgrund der leicht geneigten Erdachse herrscht in der Arktis an 163 Tagen im Jahr Dunkelheit, dafür steht die Mitternachtssonne an 187 Tagen im Jahr am Himmel!

FLÄCHE: 20 Millionen km²
NAME: „Arktis“ kommt vom griechischen Wort „Arktos“, das bedeutet „Bär“ (der Polarstern ist der hellste Stern im Sternbild Kleiner Bär bzw. Kleiner Wagen).
HAUPTSPRACHEN: Russisch, Englisch, skandinavische und indigene Sprachen
BEVÖLKERUNG: 4 Millionen (2021)
GRÖßTE STADT: Murmansk, Russland (307.000 Einwohner)
HÖCHSTER PUNKT: Gunnbjørn Fjeld, Grönland (3.694 m)
TIEFSTER PUNKT: Arktischer Ozean (Meeresspiegel)

PAPAGEITAUCHER

DIE POLARLICHTER SIND EIN NATURSPEKTAKEL AUS BUNTEM LICHT AM NACHTHIMMEL. AM BESTEN SIND SIE IN DER ZEIT VON SEPTEMBER BIS MÄRZ ZU SEHEN.

HERMELIN

IN DER ARKTIS GIBT ES FORSCHUNGS- UND WETTERSTATIONEN, ABER AUCH MODERNE STÄDTE UND HOTELS!

SCHNEEBURG VON KEMI

WEIHNACHTSMANN

DAS WORT „IGLU“ STAMMT AUS DER SPRACHE DER INUIT UND BEDEUTET „ZUHAUSE“. WENN ES DRAUßEN EISKALT IST, IST ES IM INNERN TROCKEN UND GEMÜTLICH.

IGLU

ISLANDSCHAFE WURDEN VON DEN WIKINGERN NACH ISLAND GEBRACHT.

ISLANDSCHAF

EISBÄR

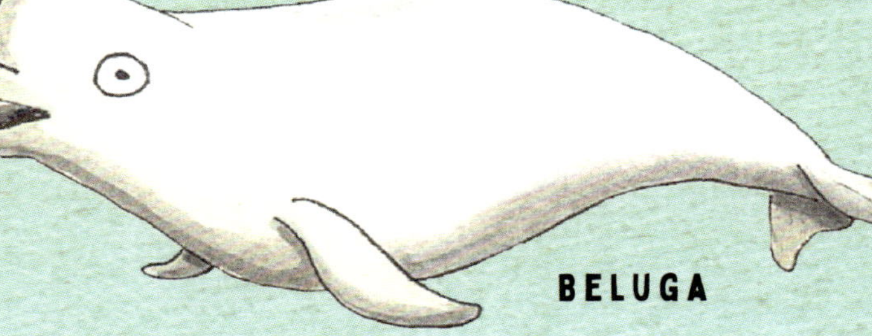

BELUGA

EISBÄREN HABEN SCHWARZE HAUT! IHR FELL IST EIGENTLICH TRANSPARENT, DOCH ES REFLEKTIERT DAS LICHT UND ERSCHEINT SOMIT WEIß.

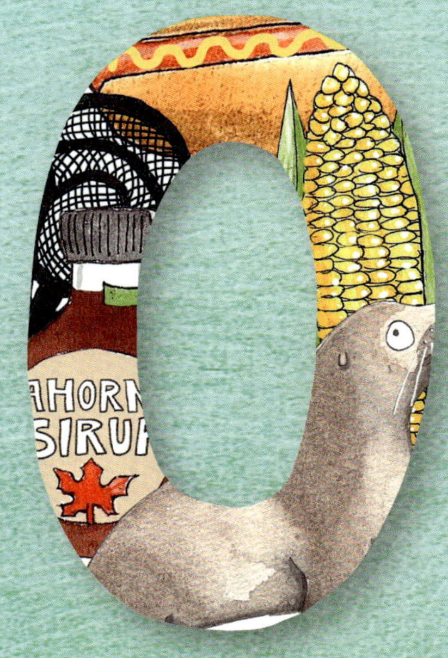

AUF EINEN BLICK

LÄNDER: 23
FLÄCHE: 24,7 Millionen km²
GRÖßTES LAND: Kanada (9,9 Millionen km²)
KLEINSTES LAND: Föderation St. Kitts und Nevis (261 km²)
NAME: Amerika wurde nach dem italienischen Entdecker Amerigo Vespucci benannt.
HAUPTSPRACHEN: Englisch, Spanisch, Französisch, Kreolisch, indigene Sprachen und Dialekte
BEVÖLKERUNG: 589 Millionen (2021)
GRÖßTE STADT: Mexiko-Stadt, Mexiko (20,9 Millionen Einwohner)
HÖCHSTER PUNKT: Denali, USA (6.190 m)
TIEFSTER PUNKT: Death Valley, USA (86 m unter dem Meeresspiegel)
LÄNGSTER FLUSS: Mississippi (3.778 km)
GRÖßTER SEE: Lake Superior (82.103 km²)

RD-
RIKA

ERSTAUNLICHE TIERWELT

Nordamerika hat eine große und vielfältige Tierwelt – von den Klammeraffen in Mexiko bis zu den Eisbären in Kanada. Hier siehst du nur einige der großartigen Geschöpfe, die zwischen Tropen und Polarkreis zu finden sind.

MEXIKANISCHER KLAMMERAFFE

Der Mexikanische Klammeraffe schwingt sich von Baum zu Baum durch die Lüfte, dafür ist sein langer Greifschwanz wie geschaffen! Leider ist seine Art vom Aussterben bedroht.

KLEINE TIERE

KOJOTE

Der Kojote gehört zur Familie der Hunde und ist ein Allesfresser. Er lebt in festen Familienverbänden, die Rudel genannt werden.

WASCHBÄR

Obwohl sein Name es vermuten lässt, wäscht der Waschbär sein Futter gar nicht. In Wirklichkeit tastet er es unter Wasser gründlich ab. Der Waschbär sieht nämlich nicht gut und verschafft sich so einen Eindruck von seiner Nahrung.

STREIFENSKUNK

Um sich zu schützen, besprüht der Streifenskunk – auch „Stinktier" genannt – Angreifer mit einer widerlich riechenden Flüssigkeit. Diese kommt aus zwei kleinen Drüsen unter seinem Schwanz und riecht nach verfaulten Eiern.

STACHELSCHWEIN

Das Stachelschwein sieht zwar niedlich aus, aber seine spitzen Stacheln haben es in sich! Es hat lange orangefarbene Zähne wie ein Biber.

TEXAS LONGHORN

Diese Hausrinder sind für ihre langen Hörner bekannt. Die längste je gemessene Spanne zwischen den Hörnern betrug 2,70 Meter! Texas Longhorns sind sehr anspruchslos. Wenn sie kein Gras finden, fressen sie auch Unkräuter und sogar Kakteen.

GROßE KATZEN

JAGUAR

Der Jaguar wird bis zu zwei Meter lang und ist damit die größte Katze Amerikas und die drittgrößte der Welt. Er liebt Fisch und benutzt seinen Schwanz sogar als Angel!

PUMA

Der Puma ist eine große, kräftige Katze – er springt bis zu zwölf Meter weit. Er kann nicht brüllen. Stattdessen schnurrt er wie ein Kätzchen oder schreit wie ein Mensch!

OZELOT

Der Ozelot ist etwa doppelt so groß wie eine Hauskatze. Er lebt in den USA und in Mexiko und kann ebenfalls nicht brüllen.

KLEINE UND GROẞE VÖGEL

BLAUHÄHER
Die Federn des Blauhähers sind gar nicht blau, sondern erscheinen nur durch Lichtreflexion so. Während der Mauser lässt er sein Federkleid von Ameisen pflegen.

ROTKARDINAL
Der Rotkardinal ist so beliebt, dass er Staatsvogel in sieben US-amerikanischen Bundesstaaten ist. Nur das Männchen ist rot.

WEIẞKOPFSEEADLER
Der Weißkopfseeadler ist der Wappenvogel der USA. Er ist ganz schön frech – das meiste Futter stibitzt er bei anderen Tieren.

QUETZAL
Der Quetzal ist einer der schönsten Vögel der Welt! Die Schwanzfedern des Männchens sind fast doppelt so lang wie sein Körper.

PLATZ DA!

GROẞER RENNKUCKUCK
Der Große Rennkuckuck ist auch als *Roadrunner* bekannt. Er läuft bis zu 32 Stundenkilometer schnell und futtert am liebsten Klapperschlangen!

HELMSPECHT
Der Helmspecht kann so große Löcher picken, dass kleinere Bäume mitten durchbrechen!

GROẞE TIERE

QUARTER HORSE
Dieses Pferd ist auf kurzen Strecken superschnell. Daher hat es auch seinen Namen: Auf einer Viertelmeile (= *quarter mile*), also 400 Metern, schlägt es die meisten anderen Rassen.

BISON
Der Bison ist das größte Landtier in Nordamerika und eines der Nationaltiere der USA. Ein Bulle kann bis zu 1.000 Kilogramm wiegen und Geschwindigkeiten von über 55 Stundenkilometern erreichen! Der Buckel besteht aus reinem Muskelfleisch.

GRIZZLYBÄR
Der Grizzly liebt Futter. Er frisst so gut wie alles, was ihm vor die Schnauze kommt. Während des Winterschlafs kommt er rund 100 Tage ohne Fressen aus. Eine Grizzlykralle ist bis zu zehn Zentimeter lang – komm ihm also besser nicht zu nah!

GESCHÖPFE AUS DEM HOHEN NORDEN

Viele Tiere Nordamerikas wandern zwischen Kanada und den USA hin und her, aber manche fühlen sich ausschließlich im Schnee und Eis des hohen Nordens und der Arktis wohl. Hier siehst du einige Tiere, die in Kanada umherstreifen.

WEITSTRECKEN-FLIEGER

SCHREIKRANICH

Dieser schöne Vogel hat lange schwarze Beine, einen roten Fleck auf dem Kopf und wird bis zu 1,60 Meter groß. Der Schreikranich ist vom Aussterben bedroht: In freier Wildbahn leben vermutlich nur noch weniger als 300 Vögel.

KANADAGANS

Auf ihren Wanderungen legt die Kanadagans bis zu unglaublichen 2.400 Kilometer pro Tag zurück! Die Gänse fliegen in einer V-Formation und wechseln sich an der Spitze ab.

FELLKNÄUEL

WOLF

Wölfe sind sehr soziale Tiere. Sie kommunizieren über Bellen, Knurren, Heulen und sogar Tanzen. Wölfe sind die größten Mitglieder in der Familie der Hunde.

KANADALUCHS

Der Kanadaluchs hat riesige Pfoten, dank denen er im tiefen Schnee nicht einsinkt. Oft vergräbt er seine Beute im Schnee, um sie für später aufzubewahren.

ROTFUCHS

Füchse haben ein unglaubliches Gehör – sie können sogar Tiere unter der Erde hören! Manche Rotfüchse sind nicht rot, sondern braun, schwarz oder silbern. Ihren buschigen Schwanz benutzen sie auch als Decke, um sich warm zu halten.

WALDMURMELTIER

Die Zähne des Waldmurmeltiers wachsen sehr schnell – ungefähr 1,5 Millimeter pro Woche! Es gräbt unterirdische Bauten mit mehreren Stockwerken. Wenn in den USA am „Murmeltiertag“, dem 2. Februar, die Sonne scheint, sagt man, dass der Winter noch sechs Wochen anhalten wird!

BIBER

Biber bauen gern und viel. Ihre Zähne sind aufgrund von Eisen im Zahnschmelz, das ihn robust macht, orange.

RENTIER

GEWEIHTRÄGER

Rentier und Elch sind Hirscharten. Der Elch ist der größte Vertreter der Familie der Hirsche. Männliche und weibliche Elche haben einen „Kinnbart“, das ist ein fellbedeckter Hautlappen. Das Rentier ist die einzige Hirschart, die gezähmt wurde (schließlich muss es den Schlitten vom Weihnachtsmann ziehen!). Viele Völker am Polarkreis halten Rentierherden.

EISTAUCHER

Der Eistaucher, der leuchtend rote Augen und ein hübsches Gefieder hat, ist halb „Flugzeug" (er braucht eine lange „Startbahn" zum Abheben) und halb „U-Boot" (er ist ein exzellenter Taucher). Auf Englisch heißt er *loon*, also „Verrückter", weil er so tollpatschig watschelt.

SCHNEE-EULE

Zum Schutz gegen die Kälte sind die Füße der Schnee-Eule mit Federn bedeckt, ein bisschen wie weiche Pantoffeln! Sie ist eine der wenigen Eulen, die tagsüber jagt.

WEIß WIE SCHNEE

Viele Tiere des Nordens haben ein weißes Fell- oder Federkleid, um sich in Schnee und Eis gut zu tarnen.

SCHNEEZIEGE

Ihre gummiartigen Hufe machen die Schneeziege zu einer der besten Bergsteigerinnen der Welt. Sie kann in Temperaturen von bis zu minus fünfzig Grad überleben!

PAPAGEI-TAUCHER

Dieser „Meerespapagei" hat zwar Ähnlichkeit mit einem Pinguin, ist aber nicht mit ihm verwandt. Unter Wasser schlagen Papageitaucher mit den Flügeln – das sieht aus, als würden sie fliegen!

POLAR-WOLF

POLAR-FUCHS

EISBÄR

POLAR-HASE

JUNGE SATTELROBBE

WALROSS

Das Walross kommt mit dunkelbraunem Fell zur Welt, das sich im Laufe der Zeit aufhellt. Wenn es in kaltem Wasser schwimmt, verengen sich seine Blutgefäße und das Walross erscheint nahezu weiß!

TROPISCHES LEBEN

Wenn du von Mexiko in Richtung der karibischen Inseln reist, wirst du bunte Farben, Sonnenschein, Essen, Musik und Natur in Hülle und Fülle erleben. Pack deine Badesachen ein und begib dich in diesem tropischen Wunderland auf Entdeckungsreise!

KARNEVAL

In der Karibik wird gern gefeiert, am liebsten Karneval! Mit einem Feuerwerk an Farben, Federn, Umzugswagen, Tänzen und Calypso-Musik wird der Karneval in jedem Monat an einem anderen Ort begangen!

TRADITIONELLE KARIBISCHE KLEIDUNG

KULTUR

MUSIK

Lustige Gitarrenmelodien, das rhythmische Rasseln der *Maracas*, das kratzige Ratschen der *Güiro* und die glockengleichen Töne der *Steel Pan* sind der Klang der Karibik.

FEIERTAGE

Am „Tag der Toten" und am *Cinco de Mayo* („Fünfter Mai") wird in ganz Mexiko gefeiert. In St. Lucia gibt es das Lichtfest, auf den Bahamas die Junkanoo-Parade und in Puerto Rico den Dreikönigstag *Dia de los Reyes*.

MAUER-GÄNSEBLÜMCHEN

KAKTUS

PIÑATA

ZERSCHLAGE AM CINCO DE MAYO EINE PIÑATA UND ES WIRD SÜßIGKEITEN AUF DICH REGNEN!

TRADITIONELLE MEXIKANISCHE KLEIDUNG

PALME

IN DER KARIBIK GIBT ES ÜBER 7.000 INSELN!

AGAVE

NATUR

Die Tropen sind ein Wunderland an außergewöhnlichen Pflanzen. Es gibt endlos viele piksende Kakteenarten und Sukkulenten wie die Agave, winzige Mauer-Gänseblümchen und in den Sümpfen riesige Mangrovenbäume. Die Strände sind mit Palmen gesäumt und du kannst dir duftende Blüten ins Haar stecken.

MALTESER-KREUZBLUME

FRANGIPANI

HIBISKUS

EXOTISCHE FRÜCHTE

BANANEN

ANANAS

Knacke eine Kokosnuss und lass dir ihren leckeren Saft schmecken! Schäle eine Banane, eine duftende Mango oder eine Ananas. Oder mach dir ein Brot mit Avocado. Traust du dich, eine der schärfsten Chilis der Welt, die in Trinidad wächst, zu probieren? Oder kostest du lieber eine Guave oder karibische Sauersack-Eiscreme?

INSELLEBEN

Zu den karibischen Inseln zählen unter anderem Jamaika, die Bahamas und Kuba, die größte Insel. Zu den kleinsten gehört mit einer Fläche von nur dreizehn Quadratkilometern die Insel Saba. Mit ihren weißen Sandstränden, dem kristallklaren Wasser und einer überbordenden Tier- und Pflanzenwelt gleicht die Karibik einem echten Paradies.

KAFFEE

AVOCADO

MANGO

CHILI

SAUERSACK-
EISCREME

SAUERSACK SCHMECKT WIE EINE MISCHUNG AUS BANANE, ZITRONE UND ANANAS!

MANGROVEN-
BAUM

AUF DER INSEL BIG MAJOR CAY, AUCH SCHWEINEINSEL GENANNT, GIBT ES WILDE SCHWIMMENDE SCHWEINE!

VOR RUND 300 JAHREN WURDE DIE SPANISCHE GALEONE SAN JOSÉ VERSENKT – MIT UNVORSTELLBAREN SCHÄTZEN AN BORD!

WARME GEWÄSSER

Das kristallklare Wasser der Karibik wimmelt nur so von bunten tropischen Fischen und Korallenriffen. Hier leben auch einige der Riesen des Ozeans, etwa der Mondfisch und der Walhai.

TRAURIGERWEISE SIND 95 % DER KARIBISCHEN KORALLENRIFFE VON ZERSTÖRUNG BEDROHT, FAST DIE HÄLFTE IST BEREITS KOMPLETT AUSGEBLEICHT.

DELFIN

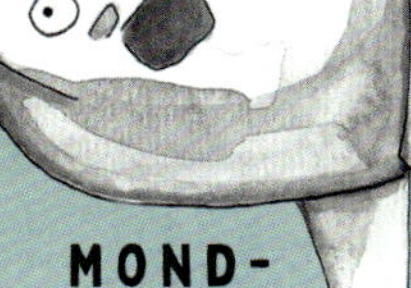

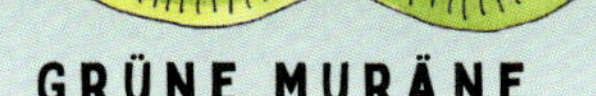

SEEPFERDCHEN

AUF EINEN BLICK

LÄNDER: 12
FLÄCHE: 17,8 Millionen km²
GRÖßTES LAND: Brasilien (8,5 Millionen km²)
KLEINSTES LAND: Suriname (163.820 km²)
NAME: Amerika wurde nach dem italienischen Entdecker Amerigo Vespucci benannt.
HAUPTSPRACHEN: Spanisch, Portugiesisch, Englisch, Französisch, Niederländisch
BEVÖLKERUNG: 432 Millionen (2021)
GRÖßTE STADT: São Paulo, Brasilien (12,2 Millionen Einwohner)
HÖCHSTER PUNKT: Aconcagua, Argentinien (6.962 m)
TIEFSTER PUNKT: Laguna del Carbón, Argentinien (105 m unter dem Meeresspiegel)
LÄNGSTER FLUSS: Amazonas (über 6.400 km)
GRÖßTER SEE: Titicacasee (8.288 km²)

D-
RIKA

WILLKOMMEN IM DSCHUNGEL

Mit etwa sechs Millionen Quadratkilometern ist der Amazonas-Regenwald der größte der Erde – das ist mehr als die Hälfte der weltweiten Regenwaldfläche. Er erstreckt sich über die neun Staaten Brasilien, Peru, Kolumbien, Venezuela, Ecuador, Bolivien, Guyana, Suriname und Französisch-Guyana.

LEBEN IM VERBORGENEN

GESPENSTSCHRECKE

Dieses Insekt sieht mit seinen Glupschaugen und seinem lustigen Mundwerkzeug aus wie ein Wesen aus einem Comic. Es lebt zwischen Blättern in Bodennähe – perfekt getarnt als Ast!

GLASFLÜGELFALTER

Mit seinen durchsichtigen Flügeln ist dieser Schmetterling für Fressfeinde nur schwer zu sehen. Er mag zerbrechlich wirken, aber er kann das 40-Fache seines Gewichts tragen!

RAUBWANZE

Wie ein Moskito sticht diese Wanze ihre Opfer mit ihrem langen Stechrüssel … und saugt sie komplett aus. Weltweit gibt es etwa 7.000 verschiedene Arten!

PIRANHA

Piranhas jagen im Rudel. Mit ihren scharfen Zähnen können sie große Stücke aus ihrer Beute reißen und sie so in kürzester Zeit bis auf die Knochen auffressen.

DER AMAZONAS IST UNGEFÄHR SO LANG WIE DIE STRECKE ZWISCHEN KÖLN UND WASHINGTON, D.C. (USA).

LEBEN IM WASSER

PASSIONSBLUME

Diese auffallend schöne Blume wächst meist als Kletterpflanze. In der traditionellen Medizin wird sie gegen Unruhe und Schlafstörungen eingesetzt.

AMAZONAS

Der Amazonas ist über 6.400 Kilometer lang. Er ist der längste Fluss Südamerikas und der wasserreichste der Welt. Keine einzige Brücke führt über den langen Fluss – wer hinübermöchte, benutzt eine Fähre.

GROßE ANAKONDA

Mit einem Gewicht von bis zu 250 Kilogramm und einer Länge von bis zu 8,80 Metern ist die Große Anakonda die größte Schlange der Welt. Die meiste Zeit lebt sie im Wasser. Anakondas legen keine Eier, sondern bringen ihren Nachwuchs lebend zur Welt – bis zu siebzig Babyschlangen auf einmal!

AMAZONAS-RIESENSEEROSE

Die riesigen Blätter dieser Seerose können einen Durchmesser von bis zu drei Metern erreichen! Sie sind so kräftig, dass ein Kind auf ihnen sitzen könnte. Dornen an der Blattunterseite halten Fische davon ab, an ihnen herumzuknabbern. Die weißen Seerosenblüten duften nach Ananas. Sie blühen nur drei Tage lang.

MACHU PICCHU

Diese Ruinenstadt ist knapp 600 Jahre alt. Ohne die Hilfe von Maschinen oder Eisenwerkzeugen wurde sie auf 2.430 Metern Höhe so erbaut, dass jeder Stein genau auf den anderen passte. Auf der Suche nach einer verloren geglaubten Inkastadt wurde Machu Picchu 1911 von amerikanischen Forschern im peruanischen Dschungel wiederentdeckt.

VOR MILLIONEN VON JAHREN BRACH DER SÜDAMERIKANISCHE KONTINENT VOM REST DER LANDMASSE AB. DESWEGEN HABEN SICH HIER TIERE ENTWICKELT, DIE ES SONST NIRGENDWO AUF DER WELT GIBT.

BAUMSTEIGERFROSCH

Diese Frösche zählen zu den giftigsten Tieren der Welt. Ihre leuchtende Hautfarbe warnt vor der tödlichen Gefahr!

HELIKONIE

Helikonien, die auch „Hummerscheren“ genannt werden, können unglaubliche fünf Meter hoch werden. Sie sind mit der Banane verwandt!

LEBEN IM DSCHUNGEL

GRÜNER LEGUAN

Der Grüne Leguan ist ein ausgezeichneter Baumkletterer, aber wenn er doch mal fällt, tut er sich selbst bei Stürzen aus zwölf Metern Höhe nicht weh. Er kann über zwei Meter lang werden – mehr als die Hälfte davon macht sein Schwanz aus. Übrigens sind Grüne Leguane trotz ihres Namens nicht immer vollkommen grün.

FAULTIER

Die meiste Zeit verbringt das Faultier hängend in einem Baum – so reglos, dass auf ihm Algen wachsen! Das Faultier mag das langsamste Tier der Welt sein und sich auch am Boden eher unbeholfen fortbewegen, doch es ist ein hervorragender Schwimmer.

IN DEN LETZTEN 30 JAHREN WURDEN 750.000 KM² REGENWALD ABGEHOLZT UND ZERSTÖRT. INZWISCHEN GIBT ES NEUE GESETZE, DIE DAS VERHINDERN SOLLEN.

WASSERSCHWEIN

Das Wasserschwein, auch Capybara genannt, ist das größte Nagetier der Erde. Da es sich meist im Wasser aufhält, hat es Schwimmhäute zwischen den Zehen. Wie bei allen Nagetieren wachsen seine Zähne ein Leben lang nach. Das Wasserschwein frisst zum Frühstück sein eigenes Kacka! Das hilft ihm beim Verdauen der zähen Gräser, die es zu sich nimmt.

OZELOT

Diese kleine Wildkatze ist etwa doppelt so groß wie eine Hauskatze. Sie ist in vielen Landschaften zu Hause – von der Grassteppe bis zum Regenwald. Anders als andere Katzen schwimmt der Ozelot gern und oft.

VERBLÜFFENDE VÖGEL

Vom warmen, tropischen Norden bis zur Tierra del Fuego (Feuerland), der kalten, kahlen Landspitze im Süden, leben in Südamerika die wohl exotischsten, buntesten und außergewöhnlichsten Vögel der Welt.

HELLROTER ARA

Dieser riesige Papagei kann fast einen Meter groß werden. Wegen seines auffälligen Federkleids und seines durchdringenden Schreis wurde er zum Nationalvogel von Honduras erklärt. In freier Wildbahn kann er bis zu fünfzig Jahre alt werden.

GALAPAGOS-ALBATROS

Der einzige Albatros, der in den Tropen lebt, füttert seine Küken mit einer öligen Flüssigkeit, die in seinem Magen entsteht.

HARPYIE

Dieser gewaltige Vogel hat Klauen so lang wie die eines Grizzlys, mit denen er sogar Wasserschweine und Leguane erlegen kann. Er kann die Federn an seinem Kopf aufstellen, wenn er aufgeregt ist oder sich bedroht fühlt.

MIT ÜBER **3.400** VERSCHIEDENEN ARTEN IST SÜDAMERIKA DER VOGELREICHSTE KONTINENT.

RIESENTUKAN

Der Schnabel des Riesentukans macht ein Drittel seiner Körperlänge aus. Wenn er Blut in den Schnabel pumpt und ihn in einer kalten Nacht in sein Federkleid steckt, ist das wie eine kleine Heizung!

ANDENKONDOR

Als einer der größten Vögel der Welt hat der Andenkondor eine Flügelspannweite von bis zu 3,20 Metern. Er lebt gern an windigen Orten, wo er sich von Luftströmungen in große Höhen tragen lassen kann. Sein Lieblingsfutter? Aas!

KAPUZINERKOTINGA

Der Kapuzinerkotinga sieht nicht nur lustig aus – er macht auch lustige Geräusche, zum Beispiel wie eine Kettensäge oder eine muhende Kuh. Und das sind nur zwei von vielen!

NANDU

Der Nandu ist ein Laufvogel und kann nicht fliegen – genau wie Strauße und Emus. Er wird bis zu 1,50 Meter groß, kann sehr schnell laufen und lebt oft in Herden mit Hirschen oder Guanakos (eine Lama-Art) zusammen.

KÖNIGSPINGUIN

Der zweitgrößte Pinguin der Welt lebt tief im Süden Chiles und Argentiniens, auf den frostigen Inseln Feuerlands und in der Antarktis. Er ist der bunteste aller Pinguine.

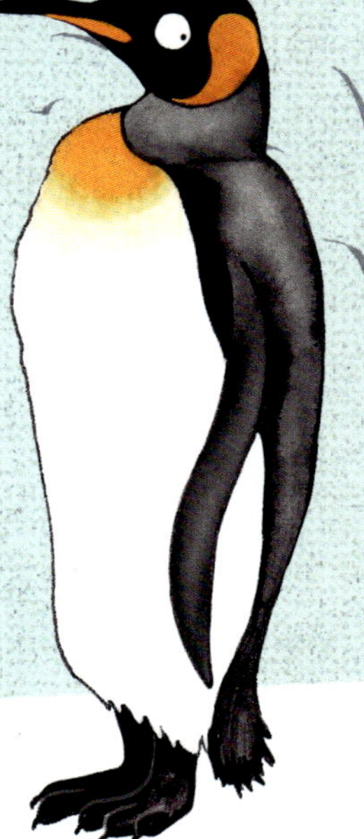

FREGATTVOGEL

Der Fregattvogel gilt als Pirat unter den Seevögeln, denn er verfolgt oft andere Vögel im Flug und attackiert sie so lange, bis sie ihre Beute fallen lassen. Noch in der Luft fängt er die Beute auf und frisst sie. Wenn Fregattvogel-Männchen um ein Weibchen buhlen, blähen sie ihren beeindruckenden roten Kehlsack auf.

AUF EINEN BLICK

LÄNDER: 44
FLÄCHE: 10,2 Millionen km²
GRÖẞTES LAND: Russland (europäischer Teil: 3,9 Millionen km²)
KLEINSTES LAND: Vatikanstadt (0,44 km²)
NAME: Europa wurde nach der phönizischen Prinzessin Europa benannt.
HAUPTSPRACHEN: Russisch, Deutsch, Französisch, Italienisch, Englisch, Spanisch
BEVÖLKERUNG: 744 Millionen (2021)
GRÖẞTE STADT: Moskau, Russland (12 Millionen Einwohner)
HÖCHSTER PUNKT: Elbrus, Russland (5.642 m)/Mont Blanc, Frankreich (4.810 m)*
TIEFSTER PUNKT: Kaspisches Meer (28 m unter dem Meeresspiegel)
LÄNGSTER FLUSS: Wolga (3.530 km)
GRÖẞTER SEE: Ladogasee (17.700 km²)

*Die genaue Grenze zwischen Europa und Asien ist nicht festgelegt. Deshalb gibt es unterschiedliche Meinungen darüber, welcher Berg der höchste in Europa ist.

O P A
OLIVEN ÖL

MAJESTÄTISCHE BERGE

In Europa liegen einige der berühmtesten Gebirge der Welt und ihr Aussehen ist atemberaubend vielfältig. Von den schneebedeckten Gipfeln der Alpen bis zum geheimnisvollen Olymp-Gebirge in Griechenland bieten diese majestätischen Berge wahrhaft Stoff für Märchen und Legenden.

DER SIBIRISCHE STEINBOCK KANN ALS EINER DER BESTEN KLETTERER DER TIERWELT BIS ZU
3.000 M
HOCH KLETTERN.

SIBIRISCHER STEINBOCK

BARTKAUZ

ALPENSEGLER

VÖGEL DER BERGE

Die Vögel der Berge haben verschiedene Techniken entwickelt, um mit der Kälte zurechtzukommen: Manche ziehen im Winter an wärmere Orte, andere bekommen ein dichteres Federkleid oder stellen ihre Federn so auf, dass Lufttaschen entstehen, die die Körperwärme speichern. Einige Arten kuscheln sich auch dicht zusammen!

ALPENDOHLE

SCHNEEFINK

SCHOTTISCHES MOORSCHNEEHUHN

ELBRUS
Russland 5.642 m

Der Elbrus ist ein Vulkan mit zwei Gipfeln. Ob er zu Europa oder zu Asien gehört, ist umstritten. Bei Bergsteigern ist er sehr beliebt. 1997 nahm ein russisches Team sogar einen Land Rover mit auf den Gipfel!

MONT BLANC
Frankreich 4.810 m

Der Mont Blanc ist der höchste Berg der Alpen und wird liebevoll „die Weiße Dame" genannt. Er steht auf der Grenze zwischen Frankreich und Italien und ist ein beliebtes Ziel bei Skifahrern und Snowboardern.

MATTERHORN
Schweiz 4.478 m

Dieser Berg mit seinem pyramidenartigen Gipfel entstand, als sich vor Millionen Jahren Landmassen übereinandergeschoben haben. An seiner hoch aufragenden Spitze bildet sich oft eine Wolke, die wie eine Fahne aussieht.

PFLANZEN BRAUCHEN SAUERSTOFF ZUM ÜBERLEBEN. IN DER DÜNNEN LUFT DES HOCHGEBIRGES WACHSEN NUR ETWA
200
PFLANZENARTEN.

GLETSCHERHAHNENFUß

FÜR BÄUME IST ES IN DEN HÖHEREN LAGEN DER GEBIRGE ZU KALT. WIE HOCH DIE BAUMGRENZE LIEGT, HÄNGT VOM JEWEILIGEN GEBIRGE UND DEN DORT WACHSENDEN BAUMARTEN AB.

IN ALPINEN REGIONEN KANN DER WINTER BIS ZU 8 MONATE ANDAUERN!

TIERE DER BERGE

Die alpine Vegetationszone beginnt bei 3.000 Höhenmetern. Tiere, die hier leben, halten Winterschlaf, ziehen in wärmere Gegenden oder haben eine extradicke Fettschicht, um mit der extremen Kälte und der dünnen Luft zurechtzukommen.

ÄTNA

Italien 3.357 m

Der Ätna ist nicht nur der höchste Vulkan Europas, sondern außerdem sehr aktiv! Er spuckt fast ständig Asche und Lava. Aufnahmen seines Lavaflusses wurden schon in einem Star-Wars-Film verwendet!

ZUGSPITZE

Deutschland 2.962 m

Die Zugspitze liegt in den Alpen und ist der höchste Berg Deutschlands. Die Grenze zwischen Deutschland und Österreich verläuft über die Zugspitze, der Berg gehört also zu beiden Ländern.

IM FRÜHJAHR SIND DIE ALPENWIESEN MIT BLUMEN WIE DEM GLETSCHER-HAHNENFUß UND DEM EDELWEIß BEDECKT.

DIE HÖCHSTEN GIPFEL

Europas höchste Gebirgsketten sind die Alpen, die Dolomiten, die Pyrenäen, der Apennin, die Karpaten, das Skandinavische Gebirge, der Ural und der Kaukasus.

VESUV

Italien 1.281 m

Der Vesuv ist einer der gefährlichsten Vulkane der Welt. Im Jahr 79 n. Chr. begrub seine Asche die römischen Städte Pompeji und Herculaneum unter sich. Erst danach wurde das Wort „Vulkan“ erfunden – nach dem römischen Gott des Feuers Vulcanus.

KUCHEN UND ANDERE SÜßIGKEITEN

In Europa gibt es wohl die vielfältigsten, süßesten und feinsten Naschereien aus verschiedenen Jahrhunderten. Ob Kuchen, Torten, Kekse oder Teilchen, hier ist für jeden Geschmack etwas dabei!

LAKRITZE

Süßholzwurzel, aus der Lakritze hergestellt wird, wurde schon vor 9.000 Jahren gern gekaut.Heutzutage ist gesalzene Lakritze besonders in Nordeuropa beliebt. Die meisten Lakritzen essen die Niederländer – **zwei Kilogramm** pro Person und Jahr!

GELATO

Italienisches Eis enthält weniger Milch als herkömmliches, ist aber samtiger und voller im Geschmack. Es wurde im *Café Procope*, dem ältesten Café von Paris, von einem italienischen Koch erfunden.

MACARONS

Macarons sind Doppelkekse aus Mandelmehl und Eiweiß mit einer Cremefüllung. Heute sind sie vor allem in Frankreich sehr beliebt, doch erfunden wurden sie in **Italien**!

WAFFELN

Waffeln sind eine Spezialität aus Belgien, die schon im Mittelalter in Straßenküchen verkauft wurde. Heute werden sie häufig mit Sahne und Obst serviert oder mit Schokolade, Sirup oder Butter beträufelt.

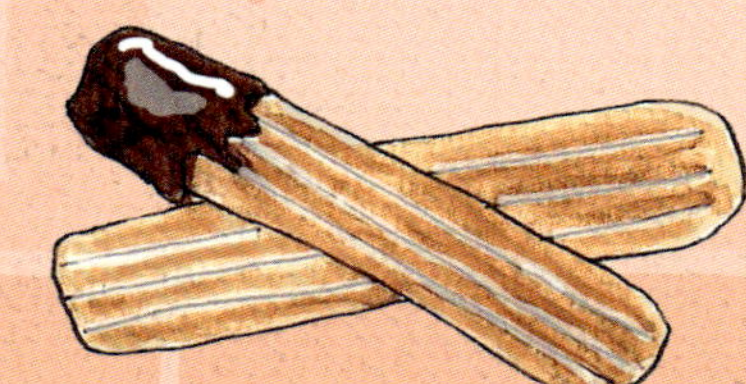

CHURROS

Churros sind frittierte Teigstäbchen, die mit Puderzucker bestreut und manchmal auch in Schokolade getunkt werden. Sie sind heute vor allem in Spanien beliebt, aber ursprünglich sollen portugiesische Seefahrer sie aus China mitgebracht haben.

VICTORIA-BISKUITKUCHEN

Dieser leichte, luftige und mit Sahne und Konfitüre gefüllte Kuchen wurde nach der britischen Königin Victoria benannt, denn er war eine ihrer liebsten Naschereien zum Nachmittagstee.

PFEFFERNÜSSE

Dieser Gewürzkuchen, der hauchdünn mit Zuckerguss überzogen ist, wurde in Deutschland früher am 6. Dezember gereicht, wenn der Nikolaus den Kindern Geschenke brachte. Noch heute ist er eine Spezialität in der Adventszeit.

KÜRTŐSKALÁCS

Der Baumstriezel ist eine Spezialität aus Ungarn. Die dünnen, hohlen Kuchen werden mit Butter und Zucker begossen und wahlweise in Schokolade, Zimt oder gehackten Nüssen gerollt. Das erste Rezept wurde in einem Kochbuch aus dem Jahr 1784 gefunden.

PASTEL DE NATA

Diese köstlichen gefüllten Törtchen wurden schon vor 300 Jahren von katholischen Mönchen in Portugal hergestellt. Damals wurde viel Eiweiß gebraucht, um die weiße Wäsche zu bleichen – die übrig gebliebenen Eigelbe wanderten in die Törtchen.

KONDITOREI

TARTUFO

Tartufo ist eine Eisspezialität, die Trüffelpralinen nachempfunden ist – daher hat es auch seinen Namen. Es wurde 1950 vom italienischen Konditor Don Pippo erfunden und ist ein mit Schokolade überzogenes Schokoladen- und Vanilleeis mit einer Kirsche und einer Mandel in der Mitte.

BAKLAVA

Die Erfindung dieses mit Sirup überzogenen und mit Nüssen gefüllten Blätterteiggebäcks beanspruchen sowohl Griechen und Türken als auch Libanesen für ihre Nationalküche. Manche meinen, dass schon im Jahr 800 v. Chr. Baklava gebacken wurde!

TÜRKISCHER LOKUM

Diese geleeartigen Würfel schmecken nach Rosenblättern oder Nüssen und werden mit Puderzucker bestäubt. Häufig wird angenommen, dass diese Spezialität vor 200 Jahren für Sultan Abdülhamid I. erfunden wurde.

APPELTAART

Das Rezept für diesen holländischen Apfelkuchen stammt wohl aus dem Mittelalter. Der knusprige Mürbeteig ist vollgepackt mit Äpfeln, Gewürzen und Rosinen. Oft wird dazu Sahne oder Eiscreme serviert.

HOŘICKÉ TRUBIČKY

Diese länglichen, mit Zucker oder Nüssen bestreuten Waffelröhrchen sind eine tschechische Spezialität. Der Legende nach wurde das Rezept als Dank an eine tschechische Nonne weitergegeben, die den verletzten französischen Kaiser Napoleon Bonaparte gepflegt hatte.

SACHERTORTE

Dieser köstliche Schokoladenkuchen wurde 1832 von dem erst sechzehn Jahre alten österreichischen Konditorlehrling Franz Sacher erfunden. Später verfeinerte sein Sohn das Rezept. Heute zählt die Torte zu Wiens berühmtesten Spezialitäten.

SCONES

Früher waren Scones, ein typisch schottisches „schnelles Brot", flacher und größer und wurden zu Dreiecken geschnitten. Heutzutage sind Scones leicht und fluffig und werden mit Marmelade und einer Art Buttersahne zum Nachmittagstee serviert.

BERLINER

Dieses süße Faschingsgebäck hat in Deutschland viele verschiedene Namen: Es wird auch Pfannkuchen, Krapfen oder Kreppel genannt. Das älteste Rezept wurde in einem Kochbuch aus dem Jahr 1485 gefunden!

BRESKVICE

Diese kroatischen kuchenartigen Kekse werden mit Schokolade zusammengeklebt, mit Lebensmittelfarbe bemalt und in Zucker gerollt, sodass sie wie kleine Pfirsiche aussehen. Breskvice bedeutet „kleiner Pfirsichkuchen".

FABELHAFTE FAUNA

Europa hat eine abwechslungsreiche Tierwelt. Von Rentieren, die am eisigen Polarkreis leben, bis zu Seepferdchen in den warmen Gewässern des Mittelmeeres lernst du hier einige dieser tollen Tiere kennen.

IN DER LUFT

REIHERENTE

Diese relativ kleine Ente kann gut tauchen. Das Männchen ist schwarz-weiß und hat einen langen Federschopf am Hinterkopf. Das Weibchen ist ganz braun.

AUSTERNFISCHER

Der Austernfischer lebt an der Nordsee. Seinen langen Schnabel benutzt er, um Muschelschalen zu öffnen. Ganz besonders gern frisst er Herz- und Miesmuscheln.

GERFALKE

Der Gerfalke ist die weltweit größte Falkenart. Im Mittelalter war es nur Königen erlaubt, mit ihm auf die Jagd zu gehen.

ROTKEHLCHEN

Rotkehlchen mögen niedlich aussehen, doch manchmal kämpfen sie erbittert, um ihr Revier zu verteidigen.

SINGSCHWAN

Dieser große Vogel hat eine Flügelspannweite von deutlich über einem Meter und kann unglaubliche 140 Stundenkilometer schnell fliegen.

IM GRAS

SCHNEEHASE

Das braune Fell des Schneehasen wird im Winter weiß. So ist er das ganze Jahr über gut getarnt.

HOLSTEIN-RIND

Holstein-Rinder gibt es in den Farben Schwarz-Weiß und Rot-Weiß. Sie sind bekannt dafür, sehr viel Milch zu geben.

ROTFUCHS

Der Rotfuchs ist überall in Europa zu Hause. Seinen buschigen Schwanz benutzt er, um das Gleichgewicht zu halten, zur Kommunikation und um sich nachts zuzudecken – wie eine Bettdecke!

IM WASSER

WAHR ODER FALSCH?

UNGEHEUER VON LOCH NESS

Diese langhalsige Kreatur lebt angeblich in dem schottischen See Loch Ness. Das erste Foto von Nessie wurde im Jahr 1932 aufgenommen, doch frühere Berichte über das Ungeheuer gehen über 1.500 Jahre zurück.

KABELJAU

Der Kabeljau lebt in kalten Gewässern und ist ein beliebter Speisefisch.

STÖR

Der Stör lebt vor allem im Kaspischen und im Schwarzen Meer. Berühmt ist er für seine Eier: Sie werden als Kaviar serviert und sind sehr teuer!

SEEPFERDCHEN

Das Seepferdchen lebt unter anderem in den warmen Gewässern des Mittelmeeres und des Atlantiks. Seepferdchen sind Fische und können ihre Augen unabhängig voneinander bewegen!

ATLANTISCHER HERING

Ebenfalls ein beliebter Speisefisch: Er wird geräuchert, sauer eingelegt, in Fischsalaten verwendet oder in Dosen verkauft.

DEM GEWICHT NACH!

MAUSWIESEL
Das Mauswiesel ist das kleinste Raubtier der Welt. Die leichtesten Mauswiesel wiegen nur 25 Gramm, also halb so viel wie ein Golfball!

HERMELIN
Das Hermelin ist eng mit dem Mauswiesel verwandt und vor allem wegen seines weißen Winterfells bekannt. Im Mittelalter durfte sein Fell nur von Königen und Königinnen getragen werden.

GOLDSCHAKAL
Der Goldschakal ist der einzige Schakal, der in Europa vorkommt. Er kann von der Schnauze bis zur Schwanzspitze bis zu 120 Zentimeter lang werden.

NUTRIA
Die Nutria, auch Biberratte genannt, kann bis zu 105 cm groß werden. Der Zahnschmelz ihrer großen Zähne enthält viel Eisen, deswegen sehen sie orange aus. Normalerweise werden Nutrias bis zu zehn Kilogramm schwer, aber in seltenen Fällen wiegen sie auch deutlich mehr!

WASCHBÄR
Eigentlich ist der Waschbär in Nordamerika heimisch. Nachdem er in den 1950er Jahren in Europa ausgesetzt wurde und aus Gehegen entkommen ist, breitete er sich in Deutschland und Teilen Europas aus. Er liebt es, im Müll nach Leckerbissen zu suchen. Waschbären wiegen meistens bis zu neun Kilogramm, doch der schwerste je gewogene brachte es auf 28 Kilo!

DAS SCHWERSTE LANDSÄUGETIER EUROPAS IST DER WISENT. DER REKORD LIEGT BEI UNGLAUBLICHEN 1.900 KG!

RENTIER
Sowohl das Männchen als auch das Weibchen tragen ein Geweih. Ihre Hufe schrumpfen im Winter und in ihrer Nase erwärmen sie die kalte Polarluft, ehe sie in ihre Lungen strömt.

AUF EINEN BLICK

LÄNDER: 54
FLÄCHE: 30,4 Millionen km²
GRÖßTES LAND: Algerien (2,4 Millionen km²)
KLEINSTES LAND: Seychellen (455 km²)
NAME: Man nimmt an, dass der Name Afrikas vom lateinischen Wort „afri“ kommt – so nannten die Römer die Bewohner der Gebiete westlich des Nils.
HAUPTSPRACHEN: Swahili, Amharisch, Yoruba, Arabisch, Englisch, Portugiesisch, Französisch
BEVÖLKERUNG: 1,4 Milliarden (2021)
GRÖßTE STADT: Lagos, Nigeria (12,2 Millionen Einwohner)
HÖCHSTER PUNKT: Kibo/Kilimandscharo-Massiv, Tansania (5.895 m)
TIEFSTER PUNKT: Assalsee, Dschibuti (157 m unter dem Meeresspiegel)
LÄNGSTER FLUSS: Nil (ca. 6.650 km)
GRÖßTER SEE: Victoriasee (68.800 km²)

IKA

VON DER WÜSTE BIS ZUM DSCHUNGEL

Afrika ist ein Kontinent voller Gegensätze: Vom winzigen Skorpion bis zur riesigen Giraffe, von trockenen Sandwüsten bis zum üppigen Regenwald und von kleinen Dörfern bis hin zu geschäftigen Großstädten findest du hier alles. Besonders die Landschaften könnten kaum gegensätzlicher sein – hier werden sie dir vorgestellt.

SAHARA

Heiß, trocken, sandig. Die endlosen Sanddünen ziehen sich bis zum Horizont – bis zu 300 Meter hoch! Vielleicht kommt mal ein Kamel vorbei oder eine Wüsten-Hornviper liegt züngelnd im Sand. Die Sahara ist die größte Trockenwüste der Welt. Sie erstreckt sich über rund ein Viertel des gesamten Kontinents!

GIRAFFE

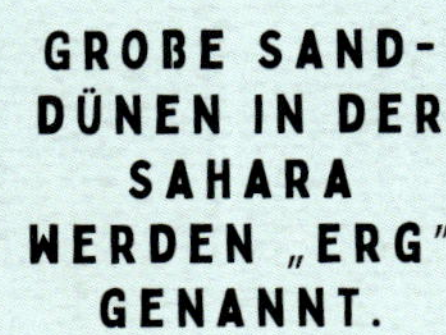

DROMEDAR

DIE PYRAMIDEN VON GIZEH

SPINIFEX-GRAS

WÜSTEN-HORNVIPER

ÄGYPTER IM TRADITIONELLEN GEWAND

SAHELZONE

Die Sahelzone zieht sich als schmaler Streifen südlich der Sahara quer durch Afrika. Das Land ist flach, sandig, steinig und mit niedrigem Gras überzogen. Hier kannst du einen Gelben Mittelmeerskorpion oder einen Fennek entdecken. Dieser kleine Fuchs hat riesige Ohren, die ihm helfen, seinen Körper zu kühlen.

FENNEK

GELBER MITTELMEERSKORPION

ÄTHIOPISCHES HOCHLAND

Unglaubliche achtzig Prozent der höchsten Berge Afrikas liegen im Äthiopischen Hochland. Die hohe, zerklüftete Landschaft ist Heimat einer Vielzahl an Tieren, darunter das Erdferkel. Der Äthiopische Steinbock und der Äthiopische Wolf sind stark vom Aussterben bedroht.

ABESSINISCHE ROSE

DIE ABESSINISCHE ROSE IST DIE EINZIGE IN ÄTHIOPIEN HEIMISCHE ROSE.

ÄTHIOPISCHER STEINBOCK

ÄTHIOPISCHER WOLF

ERDFERKEL

SCHIRMAKAZIE

SAVANNE

Die Savanne erstreckt sich im Norden und im Süden des Kontinents an den Übergängen zwischen Regenwald und Wüste. In der offenen Graslandschaft kannst du Löwen, Zebras, Elefanten und Giraffen in freier Wildbahn sehen. Jedes Jahr ziehen Millionen Tiere durch die weite Serengeti-Savanne im Osten Afrikas.

AFFENBROTBAUM

ZEBRAS SIND SCHWARZ-WEIß GESTREIFT UND DAMIT IM HALBSCHATTEN PERFEKT GETARNT. JEDES ZEBRA HAT EIN GANZ EIGENES STREIFENMUSTER.

ZEBRA

ROSA-FLAMINGO

NIL-KROKODIL

SWAHILI-KÜSTE

Diese sandige Küste im Osten Afrikas ist von Korallenriffen und Mangrovenwäldern gesäumt. Hier leben langnasige Rüsselspringer und niedliche Galagos, auch Buschbabys genannt, deren große Augen ideal sind für die nächtliche Jagd.

GALAGO

RÜSSEL-SPRINGER

SCHIMPANSE

REGENWALD

Rund achtzig Prozent des afrikanischen Regenwaldes liegen im Kongobecken in Zentralafrika. Dort leben Menschenaffen wie Schimpansen und Gorillas, aber auch imposante Insekten, zum Beispiel die Treiberameisen, die in Straßen von zwanzig Millionen Tieren und mehr durch den Dschungel marschieren und alles fressen, was ihnen in den Weg kommt.

AFRIKANISCHE GROßE SEEN

Die Afrikanischen Großen Seen gehören zu den tiefsten Seen der Welt. Der größte, der Victoriasee, hat eine Fläche, die etwa so groß ist wie Bayern! An seinem Ufer leben Nilpferde, Krokodile und viele, viele Vögel.

NILPFERD

TREIBER-AMEISE

GORILLA

AFRIKAS SÜDEN

In der Region Cape Floral im Süden Afrikas befinden sich acht Naturschutzgebiete. Hier leben sogar Brillenpinguine! Zudem gilt Cape Floral als Region mit der größten Pflanzenvielfalt der Welt. Etwa zwanzig Prozent aller Pflanzenarten Afrikas wachsen hier, darunter die schöne Königs-Protea.

IN DER SPRACHE DER ZULU WERDEN DIE BUCHSTABEN C, X UND Q ALS KLICKLAUTE GESPROCHEN.

KÖNIGS-PROTEA

SPRINGBOCK

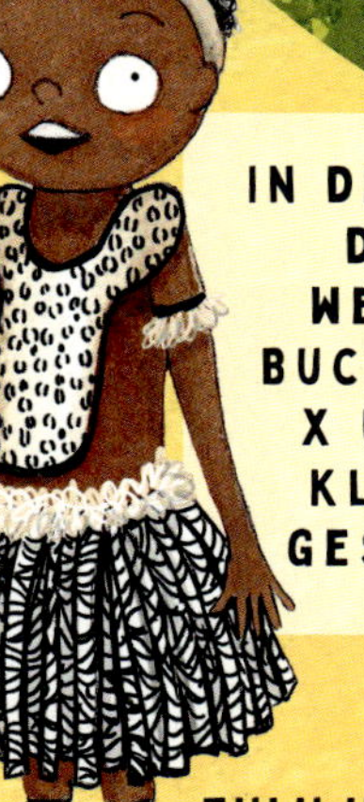

ZULU IM TRADITIONELLEN GEWAND

ERDMÄNNCHEN

BRILLEN-PINGUIN

GANZ SCHÖN GEFÄHRLICH!

In Afrika leben einige der gefährlichsten und tödlichsten Tiere der Welt. Doch wirkliche Lebensgefahr besteht für Menschen nur, wenn sie in die Lebensräume der Tiere eindringen und ihnen etwas antun wollen. Deswegen sollte man die Tiere nur aus großer Entfernung bewundern.

AFRIKANISCHER ELEFANT

Elefanten zählen zu den friedlichsten und intelligentesten Tieren der Welt, doch wenn sie bedroht oder angegriffen werden, können sie heftig austeilen.

STRAUß

Der größte Vogel der Welt hat kräftige Beine und lange Krallen. Er kann einen Löwen mit einem Tritt töten.

KAFFERNBÜFFEL

Kaffernbüffel leben in offenen Savannenlandschaften und an bewaldeten Flussufern. Ihre einzigen Feinde sind große Krokodile, Löwen und – traurigerweise – Menschen.

NASHORN

Das Horn des Nashorns besteht aus Keratin – wie deine Fingernägel. Dieses riesige Tier mag gefährlich aussehen, doch wütend wird es nur, wenn man es angreift. Sein Territorium markiert es mit Kackahäufchen!

GORILLA

Der größte aller Menschenaffen ernährt sich vor allem von Pflanzen und manchmal von Insekten. Er ist unglaublich stark und kann zweimal kräftiger zubeißen als ein Löwe. Er mag gefährlich erscheinen, aber eigentlich ist er ein sanfter Riese.

FLUSSPFERD

Das Flusspferd ist ein Pflanzenfresser. Obwohl es eher behäbig wirkt, kann es sehr aggressiv werden, wenn man in sein Territorium eindringt oder seinen Nachwuchs gefährdet.

KRONENADLER

Dieser starke Raubvogel ist auch als „Leopard der Lüfte“ bekannt. Er macht vor allem Jagd auf Affen, kann aber auch kleine Antilopen erlegen. Und das, obwohl er kaum fünf Kilogramm auf die Waage bringt!

DIE TÖDLICHSTE VON ALLEN

Vergiss den wilden Löwen ... Afrikas todbringendstes Tier ist ein kleines Insekt! Die Malaria-Mücke ist verantwortlich für den Tod von knapp einer halben Million Menschen pro Jahr, denn sie überträgt eine Fieberkrankheit, die Malaria heißt. Über neunzig Prozent aller Malaria-Erkrankungen weltweit passieren in Afrika.

GEFIEDERT UND GEFÜRCHTET

BIS ZU 225 KG

BIS ZU 72 KG

GEPARD

Als schnellstes Landtier der Welt kann der Gepard um die 100 Stundenkilometer schnell werden – so schnell wie ein Auto auf der Landstraße! Allerdings kann er diese Geschwindigkeit nur wenige Sekunden halten.

RAUBKATZEN

LÖWE

Der Löwe ist die größte und schwerste Raubkatze Afrikas – kein Wunder, dass er der „König der Tiere“ genannt wird. Meistens gehen die Weibchen auf Jagd. Das Brüllen eines Männchens kann man bis zu acht Kilometer weit hören!

LEOPARD

Die viertgrößte Großkatze hat ein goldgelbes Fell mit schwarzen Flecken als Tarnung. Abhängig davon, wo der Leopard lebt, kann seine Fellfarbe so dunkel sein, dass er ganz schwarz wirkt. Diese Tiere werden als Schwarze Panther bezeichnet.

BIS ZU 90 KG

WÜSTEN-HORNVIPER

Wenn die Wüsten-Hornviper das Maul öffnet, klappen sich ihre Giftzähne zum Zubeißen aus. Sie ist zwar nicht die giftigste Schlange Afrikas, doch ihr Biss ist äußerst unangenehm!

PUFFOTTER

Bevor sie angreift, bläht sich diese Giftschlange auf, sodass sie größer wirkt. Sie ist sehr giftig: Auf ihr Konto gehen die meisten Giftschlangenbisse in Afrika.

GNADENLOSE REPTILIEN

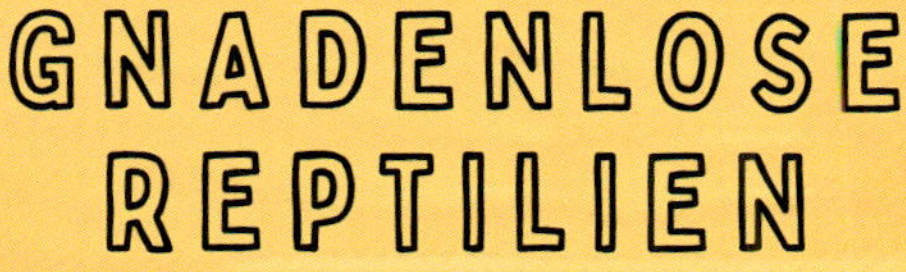

BIS ZU 750 KG

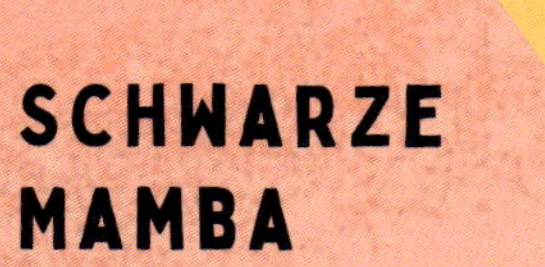

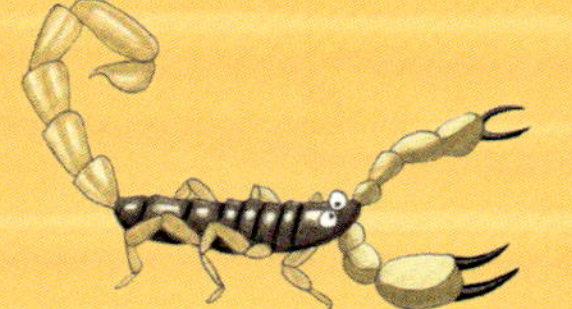

SCHWARZE MAMBA

Sie zählt zu den giftigsten Schlangen der Welt und mit einer Länge von bis zu vier Metern auch zu den größten. Ihr Biss könnte zehn Menschen auf einmal töten.

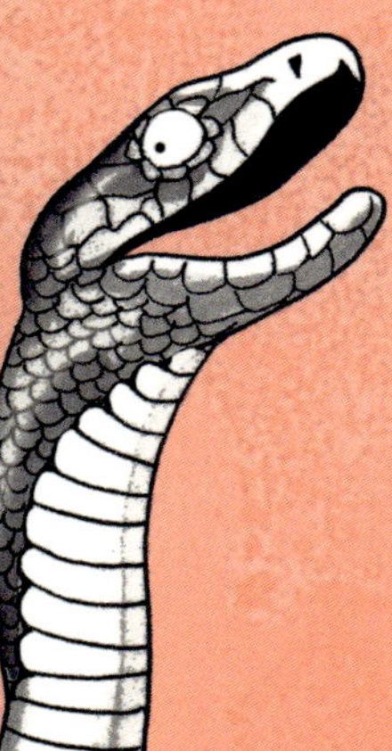

SKORPION

Die meisten Skorpione sind für Menschen harmlos, doch in Afrika leben einige der giftigsten der Welt.

NILKROKODIL

Da das Nilkrokodil leicht reizbar ist, solltest du zu ihm besser Abstand halten. Es kann bis zur Hälfte seines eigenen Körpergewichts auf einmal verschlingen und frisst manchmal sogar andere Krokodile!

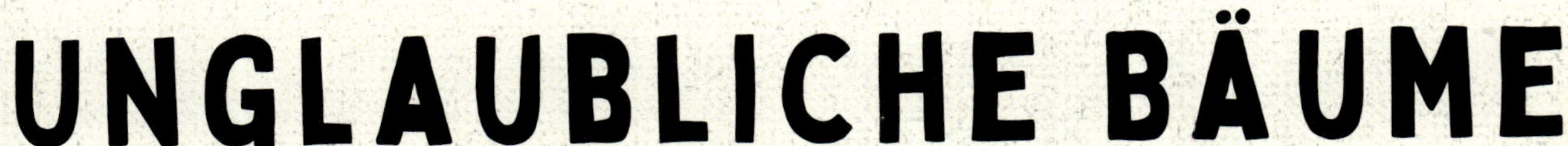

UNGLAUBLICHE BÄUME

Die unterschiedlichen Klimazonen Afrikas haben einige der unglaublichsten Bäume weltweit hervorgebracht. Jeder dieser großartigen Bäume hat sich an die Landschaft, in der er zu Hause ist, angepasst – von der Sahelzone bis zur Insel Madagaskar!

LEBERWURSTBAUM

Kannst du dir einen Baum vorstellen, an dem bis zu einem Meter lange „Leberwürste" wachsen? Elefanten, Giraffen, Paviane und andere Affen lieben diese wurstförmigen, holzigen Früchte, für Menschen sind sie aber giftig.

FRÜCHTE, RINDE UND WURZELN DES LEBERWURSTBAUMES WERDEN IN DER TRADITIONELLEN MEDIZIN AFRIKAS ALS HEILMITTEL EINGESETZT.

AFFENBROTBAUM

Der Affenbrotbaum kann in seinem Stamm Tausende Liter Wasser speichern. Manchmal wächst der Stamm so, dass er wie eine Flasche aussieht. Diese erstaunlichen Bäume werden etwa 2.500 Jahre alt!

NORMALERWEISE FINDET FOTOSYNTHESE IN DEN BLÄTTERN EINES BAUMES STATT, DOCH BEI DER GELBRINDEN-AKAZIE LÄUFT SIE AUCH IN DER RINDE AB!

GELBRINDEN-AKAZIE

Viele Jahre lang vermuteten die ersten europäischen Siedler, dieser Baum würde das Malaria-Fieber verursachen. Doch tatsächlich übertragen Moskitos, die am nahen Wasser leben, die Krankheit. Die Stämme von Gelbrinden-Akazien schwitzen ein Gummi aus, das essbar sein soll.

DER AHNENBAUM IST EINER DER GRÖßTEN BÄUME AFRIKAS. ER WIRD BIS ZU 20 M HOCH.

OBWOHL DER BAUM DER REISENDEN WIE EINE PALME AUSSIEHT, GEHÖRT ER ZUR FAMILIE DER STRELITZIEN – BUNTBLÜHENDE TROPENPFLANZEN.

AHNENBAUM

Das Holz des Ahnenbaumes ist so dicht, dass es im Wasser sinkt! Überall in Afrika findet man seine „Skelette" – Bäume, die schon vor langer Zeit gestorben sind, doch die dank ihres steinharten Holzes stehen geblieben sind.

DER AFFENBROTBAUM SIEHT AUS, ALS SEI ER „VERKEHRT HERUM" GEWACHSEN, DENN SEINE ÄSTE ERINNERN AN WURZELN.

ES GIBT ÜBER 1.000 VERSCHIEDENE AKAZIEN-ARTEN.

SCHIRMAKAZIE

Giraffen lieben es, die Blätter der Schirmakazie abzurupfen. Die langen Dornen der Bäume können ihren rauen Zungen nichts anhaben.

FRÜHER BENUTZTEN DIE MENSCHEN DIE BLÄTTER DES KÖCHERBAUMS ALS PFEILSPITZEN.

KÖCHERBAUM

Der Köcherbaum gehört zu den Aloe-Pflanzen. Sein Stamm und seine Zweige sind weich und saftig, doch die Blätter sind scharf und spitz.

BAUM DER REISENDEN

Diese Pflanze wächst nur auf Madagaskar. Ganz unten zwischen ihren dicht stehenden Blattstielen sammelt sich Regenwasser, doch als Trinkwasser für Reisende in Not ist es leider nicht geeignet, denn es wird schnell schwarz und stinkt dann.

FLÖTENAKAZIE

Ameisen bohren Löcher in die verdickten Dornen an den Zweigen der Flötenakazie. Wenn der Wind durch sie hindurchweht, entsteht ein pfeifendes Geräusch, das große Tiere abschreckt. So können die Ameisen ungestört von dem süßen Nektar trinken, den die Akazie in den Dornenverdickungen produziert.

WÄHREND DER TROCKENZEIT SCHÜTZT SICH DIE FLÖTENAKAZIE VOR DEM AUSTROCKNEN, INDEM SIE IHRE BLÄTTER ABWIRFT.

AUF EINEN BLICK

LÄNDER: 48
FLÄCHE: 44,6 Millionen km²
GRÖßTES LAND: Russland (asiatischer Teil: 13,1 Millionen km²)
KLEINSTES LAND: Malediven (298 km²)
NAME: „Asien“ kommt von dem lateinischen Wort „asia“ und dies wiederum von dem altgriechischen Wort „Ασία“ (das wird „assía“ ausgesprochen). Die Bedeutung ist leider nicht endgültig geklärt.
HAUPTSPRACHEN: Chinesisch, Hindi, Englisch, Russisch, Indonesisch, Bengalisch, Japanisch
BEVÖLKERUNG: 4,7 Milliarden (2021)
GRÖßTE STADT: Tokio-Yokohama, Japan (37,4 Millionen Einwohner)
HÖCHSTER PUNKT: Mount Everest, Nepal (8.848 m)
TIEFSTER PUNKT: Totes Meer (428 m unter dem Meeresspiegel)
LÄNGSTER FLUSS: Jangtsekiang (6.380 km)
GRÖßTER SEE: Kaspisches Meer (371.000 km²)

ASIATISCHE KÖSTLICHKEITEN

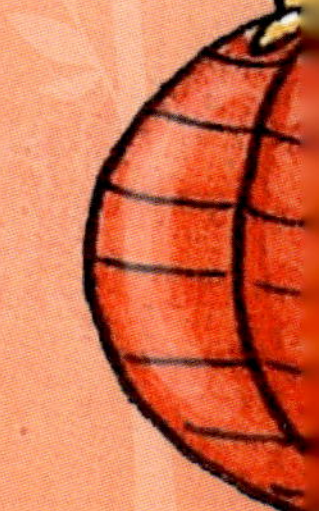

Es gibt unzählige asiatische Gerichte – und jedes Land hat seine eigenen Spezialitäten. Was sie alle gemeinsam haben? Sie sind absolut köstlich! Hier siehst du einige Speisen, die du, wenn du sie nicht schon kennst, unbedingt mal probieren solltest!

OBST

Aus exotischen und tropischen Früchten werden Gelee, Wackelpudding, Eiscreme und andere Süßigkeiten zubereitet. Im Nahen Osten werden Feigen und Granatäpfel sowohl in süßen wie in herzhaften Speisen verwendet.

水果

GEMÜSE

In der asiatischen Küche wird viel Gemüse verwendet, häufig grünes wie Pak Choi, Erbsensprossen und, ja wirklich!, Algen.

蔬菜

GEWÜRZE

In Thailand und Malaysia werden gern Basilikum, Koriander, Chili, Zitronengras und Ingwer benutzt. In anderen Ländern, etwa im Iran und in Indien, wird am liebsten mit Safran, Kurkuma, Kreuzkümmel und Schwarzem Pfeffer gewürzt.

调料

DIE DRACHENFRUCHT WÄCHST NICHT AN EINEM BAUM, SONDERN AN EINEM KAKTUS!

IN CHINA WERDEN DIE ESSSTÄBCHEN „KUÀI ZI" GENANNT, DAS BEDEUTET „SCHNELL"!

REIS

Unglaublich! Reis ist das meistgegessene Lebensmittel der Welt und aus der Küche Asiens nicht wegzudenken. Es gibt viele verschiedene Sorten, darunter Jasmin-, Basmati- und Mattareis.

米饭

NUDELN

In Asien gibt es viele Nudelsorten, zum Beispiel Reis- und Eiernudeln, Ramen, Udon, Banh pho, Wonton und Soba. Sie werden in Gerichten wie Pad Thai oder in scharfen Nudelsuppen wie Laksa verwendet.

面条

BROT

Brot gibt es in Asien in allen Formen! Probiere mal Chapati- oder Roti-Fladenbrot, herzhaftes, frittiertes Naan aus Indien, Pita aus dem Nahen Osten oder das weiche, süße Melonenbrot aus Japan.

面包

SNACKS

Diese Köstlichkeiten werden oft in Garküchen verkauft, man kann sie unterwegs essen: Sushi in Japan, Samosas in Indien, Frühlingsrollen in China, Kebab in Afghanistan und Reispapierrollen in Vietnam.

小吃

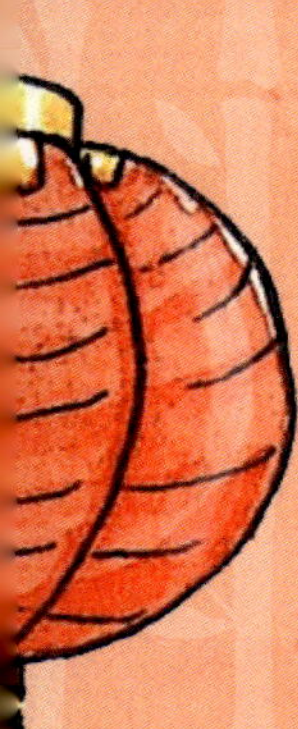

ASIATISCHE GERICHTE SIND EINE HERRLICHE MISCHUNG AUS DEN FÜNF GESCHMACKSRICHTUNGEN: SÜẞ, SAUER, BITTER, SALZIG UND UMAMI.

„UMAMI" IST EIN LÄNGER ANHALTENDER HERZHAFT-WÜRZIGER GESCHMACK, WIE VON KÄSE, SOJASOẞE ODER GETROCKNETEN TOMATEN.

咖喱 CURRYS

Curry nennt man sowohl eine Mischung aus vielen Gewürzen als auch Gerichte, die damit gewürzt werden. Sie können mit Fleisch oder vegetarisch sein, meist wird dazu Reis gereicht. Typische Currys sind Saty, Korma, Panang, Rendang und Tikka Masala.

TIKKA MASALA MIT HUHN

汤 SUPPEN

Asiatische Suppen sind wahre Geschmacksexplosionen! Probiere mal eine thailändische Tom-yum-Suppe, eine japanische Miso-Suppe, eine malaysische Laksa-Suppe, eine indische Mulligatawny-Suppe oder eine Linsensuppe aus dem Nahen Osten!

LAKSA

饺 TEIGTASCHEN

Asiatische Teigtaschen sind leckere kleine Päckchen voller Fleisch oder Gemüse. Sie können mit Schweinefleisch-Klößchen oder rosa Garnelen (Har Gow) gefüllt sein und werden in Dampf gegart, frittiert oder in einer Suppe gekocht (wie Wan Tan).

WAN TAN

HAR GOW

豆腐 TOFU

Tofu wird aus Sojabohnen hergestellt und ist in Asien sehr beliebt. Er kann weich oder fest sein und wird in unterschiedlichen Gerichten verwendet.

TOFU

PANDAS SIND NICHT DIE EINZIGEN, DIE BAMBUS LIEBEN. AUCH MENSCHEN ESSEN BAMBUS, ALLERDINGS NUR DIE JUNGEN SPROSSEN.

甜食 SÜẞES

Viele asiatische Desserts werden mit Kokosnuss und Früchten zubereitet. Beliebt sind schwarzes Sesam-Eis, Mango-Pudding und *Shaved Ice*, ein Eistrend aus Japan. Die Länder des Nahen Ostens sind berühmt für köstliches sirupgetränktes Kleingebäck. In Japan gibt es Mochi, zuckersüße Reisbällchen, in Indien frittierte Jalebi und im Iran Paschmak, persische Zuckerwatte, die an Fell erinnert!

饮料 GETRÄNKE

In den meisten Ländern Asiens ist es sehr warm. Getränke sind also eine angenehme Abkühlung. Auch heißer Tee hilft, weniger zu schwitzen! Beliebt sind Kokoswasser und Zuckerrohrsäfte, viele verschiedene Arten von Kaffee und viele Sorten Tee, darunter Chai, Oolong, Schwarzer, Grüner und Weißer Tee. In Japan wird aus leuchtend grünem Pulver Matchatee zubereitet.

VIETNAMESISCHER KAFFEE

TÜRKISCHER MOKKA

MATCHATEE

WUNDERSAME WILDTIERE

Asien ist riesengroß und es gibt dort viele verschiedene Landschaften: von der vereisten Tundra im Norden über weite Wüsten im Nahen Osten und in China bis zu den Regenwäldern Indonesiens. Und ebenso vielfältig ist die wunderbare Tierwelt!

BEEINDRUCKENDE SÄUGETIERE

ORANG-UTAN

In der malaiischen Sprache bedeutet Orang-Utan „Waldmensch". Große Männchen können von einer Fingerspitze zur anderen bis zu zwei Meter messen!

GROẞER PANDA

Könntest du dich nur von einem einzigen Lebensmittel ernähren? Der Panda tut das! Er frisst täglich bis zu 38 Kilogramm – und zwar nur Bambus, Bambus und noch mal Bambus!

ASIATISCHER ELEFANT

Der Asiatische Elefant ist etwas kleiner als sein afrikanischer Verwandter, aber mit einer Schulterhöhe von über drei Metern ist er das zweitgrößte Landtier der Erde. Seine Nahrung greift der Elefant mit seinem muskulösen Rüssel auf. Er verputzt bis zu 150 Kilogramm Wurzeln, Gras, Rinde und Obst pro Tag!

WASSERBÜFFEL

Mit seinen großen, gespaltenen Hufen steht der Wasserbüffel den größten Teil des Tages in Sümpfen und Flüssen, ohne im Schlamm zu versinken.

DESI-KUH

Die Desi-Kuh wird von den Hindus in Indien als heiliges Tier verehrt. Sie hat lange Hörner, Schlappohren und einen dicken Buckel auf dem Rücken. Kuh-Kacka wird als Brennmaterial beim Kochen benutzt!

ARABER

Araber sind eine der ältesten reinrassigen Pferderassen der Welt und eine der ersten, die gezähmt wurde. Ursprünglich wurden sie nur im Nahen Osten gezüchtet.

AXISHIRSCH

Dieser auffällig gefleckte Hirsch wirft sein Geweih jedes Jahr ab. Er kann viele verschiedene Rufe von sich geben, zum Beispiel ein raues Bellen oder ein hohes Knurren.

ATLASSPINNER

Der Atlasspinner lebt in ganz Südostasien und ist mit einer Flügelspannweite von unglaublichen 25 Zentimetern einer der größten Schmetterlinge der Welt.

ERSTAUNLICHE INSEKTEN

HONIGBIENE

Für ein einziges Glas Honig müssen Bienen bis zu zwei Millionen Blüten anfliegen. Traurigerweise sind sie überall auf der Welt stark vom Aussterben bedroht.

SEIDENRAUPEN

Seide ist ein teures, seit Jahrhunderten hochgeschätztes Gewebe. Der Kokon einer Seidenraupe besteht aus nur einem Seidenfaden, der bis zu 900 Meter lang ist!

ASIATISCHE FLIEGER

STEPPENADLER
In der Mongolei werden speziell ausgebildete Adler bei der Jagd auf Hasen, Füchse und andere Tiere eingesetzt.

LÖFFLER
Dieser große Vogel hat seinen eigenen „eingebauten" Löffel! Er schreitet mit gesenktem Kopf durchs Wasser, pendelt mit dem Kopf hin und her und löffelt dabei auf, was ihm in den Schnabel kommt.

SILBERREIHER
Bei den Silberreihern baut das Männchen das Nest. Zur Brutzeit wird sein gelber Schnabel beinahe schwarz und die Haut in seinem Gesicht grün.

DAS HIMMELHOHE HIMALAYA-GEBIRGE TEILT ASIEN IN ZWEI HÄLFTEN UND MACHT ES FÜR TIERE SCHWIERIG, ZWISCHEN NORD- UND SÜDASIEN HIN- UND HERZUZIEHEN.

SCHUPPIG UND SCHAURIG

CHINESISCHER DRACHE
Der Chinesische Drache hat Schuppen wie ein Fisch, den Körper einer Schlange, Hörner wie ein Hirsch und Adlerklauen. Er hat keine Flügel, kann aber trotzdem fliegen!

KOMODOWARAN
Die größte Echse der Welt ist nur auf fünf kleinen Inseln Indonesiens zu finden. Sie kann bis zu drei Meter lang werden!

KÖNIGSKOBRA
Mit über fünf Metern Länge ist sie die Königin der Kobras und die längste Giftschlange der Welt … und die einzige, die ein Nest für ihre Eier baut. Wenn sie angreift, kann sie das vordere Drittel ihres Körpers aufrichten!

FINDE DIE UNTERSCHIEDE

KÖNIGSTIGER
- Größe: bis zu 3,10 m
- Gewicht: bis zu 220 kg
- feineres, dunkleres Fell
- Lebensraum: Südostasien
- gefährdet

SIBIRISCHER TIGER
- Größe: bis zu 3,30 m
- Gewicht: bis zu 320 kg
- dickeres, helleres Fell
- Lebensraum: China, Nordkorea
- stark gefährdet

DROMEDAR
- ein Höcker
- Größe: bis zu 2 m
- Gewicht: bis zu 1.000 kg
- eher kurzes Fell
- Lebensraum: Naher Osten

TRAMPELTIER
- zwei Höcker
- Größe: bis zu 1,80 m
- Gewicht: bis zu 600 kg
- langes Fell
- Lebensraum: Zentralasien

BLUMENFEST

Herrlich duftende Blüten finden in Asien überall Verwendung – von wunderschönem Blumenschmuck über Kosmetikprodukte bis hin zum Essen. Vielleicht hast du schon einmal Safranreis gegessen oder Jasmintee getrunken? Oder den Geruch von Frangipani-Räucherstäbchen erschnuppert oder Hibiskusblüten im Haar getragen? Und Ikebana, das Arrangieren von Blumengestecken, ist in Japan eine wahre Kunst!

SAFRANKROKUS

Safranfäden sind kostbarer als Gold! Als Gewürz geben sie Gerichten eine herrlich gelbe Farbe und einen guten Geschmack. Die Fäden werden einzeln von Hand gepflückt und um 500 Gramm zu sammeln, braucht man über 100.000 Fäden! Im Iran wird weltweit am meisten Safran angebaut.

SAFRANREIS

ROSE

Rosen stammen ursprünglich aus Zentralasien und zählen mit ihrem wunderbaren Duft zu den beliebtesten Blumen der Welt. Rosenwasser wird vom Nahen Osten bis nach Südasien in Desserts wie Baklava und türkischem Lokum verwendet.

DIE ROSE IST DIE NATIONALBLUME DES IRAK.

PARFÜM

CHRYSANTHEME

Aus Chrysanthemen-Blüten können Tee und sogar Wein gemacht und sie können in Salaten verwendet werden (Garten-Chrysanthemen sind ungenießbar!). Jedes Jahr wird in Japan am 9. September das Chrysanthemenfest gefeiert. Ihr japanischer Name, „Kiku“, bedeutet „langes Leben“.

ZWEI DER WICHTIGSTEN SYMBOLE JAPANS SIND DIE ROSA KIRSCHBLÜTEN UND DIE CHRYSANTHEME.

FACKEL-INGWER

Diese ledrige Pflanze wird in Gerichten in ganz Asien verwendet, besonders in Thai-Salaten. Die Samen werden in Fischgerichten und die Blütenstandschäfte in Currys und Suppen gegessen. Fackel-Ingwer wird auch genutzt, um Wunden zu heilen, Körpergeruch und Ohrenschmerzen zu lindern und Speisen haltbar zu machen.

幸 GLÜCK

LOTOSBLUME

Lotosblumen sind heilige Pflanzen. Ihre Blüten, Samen, Blätter, Stängel und Wurzeln sind essbar und schmecken ganz unterschiedlich. Die Wurzeln können zu Chips verarbeitet werden.

LOTOSWURZELCHIPS

DER LOTOS IST DIE NATIONALBLUME INDIENS UND VIETNAMS.

DIE BLÜTEN VIELER PFLANZEN WERDEN IN DER NATURHEILKUNDE UND IN KOSMETIK VERWENDET.

JASMIN

Der Jasmin ist aufgrund seiner duftenden Blüten in ganz Asien beliebt. Sie werden in Medikamenten, Parfüms und Kosmetikprodukten verwendet – und um Häuser und Tempel zu schmücken. Manche Menschen tragen sie auch gern im Haar. Jasmintee wird auf der ganzen Welt gern getrunken, vor allem in China und Japan.

JASMINÖL WIRD UNTER ANDEREM BENUTZT, UM PARFÜM HERZUSTELLEN.

茶

TEE

HIBISKUS

Der Hibiskus ist die Nationalblume von Malaysia. In China werden seine Blüten sauer eingelegt und gegessen. Und in Indien werden die Blütenblätter zu einer schwarzen Paste zerstampft und als Schuhcreme benutzt. In vielen Ländern wird aus den Blüten Tee zubereitet.

RÄUCHERSTÄBCHEN

DIE FRANGIPANI IST DIE NATIONALBLUME VON LAOS.

KIRSCHBLÜTEN

Menschen aus aller Welt reisen im Frühjahr nach Japan, um die Kirschblüte, „sakura“, zu erleben. Kirschblüten können auch in Salz und Essig eingelegt oder als traditionelle Süßigkeit, „wagashi“, gegessen werden. Und natürlich wird aus ihnen auch Tee gebrüht.

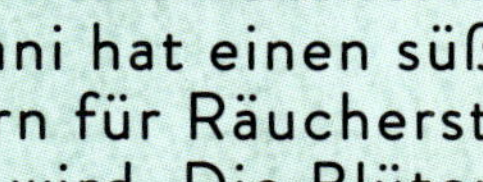

FRANGIPANI

Frangipani hat einen süßen Duft, der gern für Räucherstäbchen genutzt wird. Die Blüten können verschiedene Farben und Düfte haben – von Rosa bis Violett und von bananensüß bis würzig riechend. Sie werden häufig als Schmuck für Tempel, Hochzeiten und Beerdigungen genutzt.

WAGASHI

TULPE

Ursprünglich stammt die Tulpe aus Zentralasien, von dort wurde sie vor etwa 500 Jahren in die Niederlande gebracht. Im Jahr 1637 war eine Tulpenzwiebel in den Niederlanden so teuer, dass man dafür ein Haus kaufen konnte! Heute ist die Tulpe eine der beliebtesten Blumen der Welt!

DIE TULPE IST DIE NATIONALBLUME DES IRAN UND AFGHANISTANS.

AUFGEPASST!

NICHT ALLE BLÜTEN SIND ESSBAR! FRAGE EINEN ERWACHSENEN, BEVOR DU IN IRGENDEINE BLUME REINBEIBT!

ORANGENBLÜTEN

Die duftenden Orangenblüten werden gern in Parfüms benutzt. Mit Orangenblütenwasser werden in ganz Asien, besonders im Nahen Osten, auch Desserts und Gebäck verfeinert.

AUF EINEN BLICK

LÄNDER: 14
FLÄCHE: 8,5 Millionen km²
GRÖßTES LAND: Australien (7,7 Millionen km²)
KLEINSTES LAND: Nauru (21 km²)
NAME: Der Name Australien geht zurück auf den lateinischen Begriff „terra australis", der „südliches Land" bedeutet.
Das Wort Ozeanien wurde vom altgriechischen Wort „Ὠκεανός" abgeleitet, das so viel bedeutet wie „der die Erde umfließende Weltstrom".*
HAUPTSPRACHEN: Englisch, Malaiisch, Tagalog, Polynesisch, Papuasprachen, indigene Sprachen
BEVÖLKERUNG: 43 Millionen (2021)
GRÖßTE STADT: Sydney, Australien (5 Millionen Einwohner)
HÖCHSTER PUNKT: Puncak Jaya, Indonesien (4.884 m)**
TIEFSTER PUNKT: Lake Eyre, Australien (15 m unter dem Meeresspiegel)
LÄNGSTER FLUSS: Murray River (2.508 km)
GRÖßTER SEE: Lake Eyre (9.500 km²)

*Als Ozeanien wird die Inselwelt nördlich und östlich von Australien bezeichnet. Etwa 2.100 der über 7.500 Inseln sind bewohnt.

** Der Puncak Jaya liegt auf der australischen Platte und gehört deshalb geologisch zu Ozeanien.

AUSTRALIENS AUßERGEWÖHNLICHE TIERE

Australien hat die größte Vielfalt an Lebewesen weltweit – und die meisten sind nirgendwo sonst auf der Erde zu finden. Hier siehst du nur einige dieser wunderbaren und einzigartigen Tiere.

IST DAS EIN VOGEL?

FLUGHUND

Flughunde leben auf Bäumen und ernähren sich unter anderem von Früchten. Sie können „richtig" fliegen – wie ein Vogel. Außer Fledermäusen (mit denen sie eng verwandt sind) sind Flughunde die einzigen Säugetiere, die das können!

BROLGAKRANICH

Während der Balzzeit führen diese Vögel einen lustigen Tanz auf. Sie wippen mit den Köpfen, schlagen mit den Flügeln und werfen Gras in die Luft. Brolgakraniche sind so groß, dass sie viel Anlauf brauchen, um sich in die Luft zu schwingen.

GRAURÜCKEN-LEIERSCHWANZ

Ein Vogel? Eine Alarmanlage? Oder doch eine Kettensäge? Der Graurücken-Leierschwanz kann so gut wie jedes Geräusch nachahmen, auch die Rufe anderer Tiere!

HELMKASUAR

Der Helmkasuar ist mit seinen kräftigen Beinen und tödlichen Klauen sehr gefährlich! Er zählt zu den schwersten Vögeln der Welt. Helmkasuare können schnell laufen, aber nicht fliegen.

LACHENDER HANS

Der Lachende Hans ist der größte Vertreter der Familie der Eisvögel. Sein Lachen ist so ansteckend, dass alle, die ihn hören, mitlachen müssen.

EMU

Der Emu ist der zweitgrößte Vogel der Welt, kann aber nicht fliegen. Er hat an jedem Auge zwei Augenlider und kann exzellent schwimmen. Um seine Nahrung besser verdauen zu können, verschluckt er kleine Steine.

AUSTRALIEN GEHÖRT ZU DEN 10 LÄNDERN MIT DEN MEISTEN BEDROHTEN TIERARTEN DER WELT.

QUOKKA

Dieses niedliche Wesen ist sehr zutraulich. Trotzdem darfst du Quokkas – wie alle anderen wilden Tiere – nicht anfassen oder füttern, weil sie davon sehr krank werden können.

BAUMKÄNGURU

In Australien gibt es zwei Arten von Baumkängurus: das Bennett-Baumkänguru, das du links siehst, und das Lumholtz-Baumkänguru. Sie sind die einzigen australischen Kängurus, die auf Bäumen leben, und können unglaubliche neun Meter weit springen.

BEEINDRUCKENDE BEUTELTIERE

KOALA

Der Koala frisst täglich etwa ein Kilogramm Eukalyptusblätter, die viel Wasser enthalten, und muss deshalb nur selten trinken. Die Blätter liefern ihm aber nicht viel Energie, deshalb schläft der Koala etwa zwanzig Stunden am Tag.

DIE BABYS VON BEUTELTIEREN WACHSEN IN EINEM BEUTEL HERAN.

NACKTNASEN-WOMBAT

NÖRDLICHER HAARNASENWOMBAT

WOMBATS

Wombats sind echte Kulttiere in Australien! Es gibt drei Arten: den Nacktnasenwombat, den Südlichen Haarnasenwombat und den Nördlichen Haarnasenwombat, der stark vom Aussterben bedroht ist. Wombats bauen ausgefeilte Tunnelsysteme mit Schlafkammern – wie kleine Bagger. Um eine Mahlzeit zu verdauen, brauchen sie zwei Wochen. Ihr Kacka ist würfelförmig, damit es nicht davonrollen kann, wenn Wombats ihr Revier damit markieren!

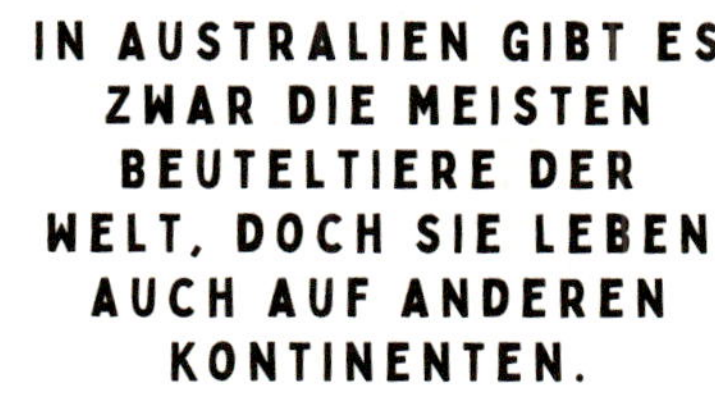

IN AUSTRALIEN GIBT ES ZWAR DIE MEISTEN BEUTELTIERE DER WELT, DOCH SIE LEBEN AUCH AUF ANDEREN KONTINENTEN.

NUMBAT

Forschende gehen davon aus, dass der Numbat mit dem inzwischen ausgestorbenen Beutelwolf verwandt ist. Mit seiner langen, klebrigen Zunge schlürft der Numbat gut 20.000 Termiten am Tag auf!

ÖSTLICHES GRAUES RIESEN-KÄNGURU

ROTES RIESEN-KÄNGURU

KÄNGURUS

Es gibt vier Arten von großen Kängurus in Australien: das Rote Riesenkänguru, das Östliche und das Westliche Graue Riesenkänguru und das Antilopenkänguru. Ihre Hinterbeine sind wie Sprungfedern und oft stützen sie sich auf dem Schwanz ab wie auf einem fünften Bein! Das Rote Riesenkänguru ist das weltgrößte Beuteltier.

BEUTELTEUFEL

Dieses aggressive Beuteltier aus Tasmanien ist tatsächlich ziemlich scheu. Der Beutelteufel hat, gemessen an seiner Größe, den kräftigsten Biss aller Säugetiere und kann sein Gebiss unglaubliche 180 Grad weit öffnen!

BILBY

Der Bilby ist mit seinem weichen Fell und seinen kaninchenartigen Ohren Australiens Osterhase! Er lebt in der Wüste und gräbt spiralförmige Bauten, damit Fressfeinde nicht hineinkönnen.

VOM OUTBACK BIS ZUM OZEAN

Australien ist ein Kontinent voller gegensätzlicher Lebensräume. Die Tiere haben sich gut daran angepasst, je nachdem, ob sie im „Outback“ – dem trockenen, sengenden, roterdigen Hinterland – oder in den tropischen Gewässern des Nordens leben. Eines der wenigen Tiere, das fast überall vorkommt – von der Wüste bis zum Regenwald –, ist der Ameisenigel.

KRAGENECHSE

Es gibt keine Drachen? Nun, die Kragenechse sieht einem Drachen auf jeden Fall sehr ähnlich. Ihr Kragen dient aber nicht als Schmuck, sondern um Feinde abzuschrecken und um sich Abkühlung zu verschaffen.

KLOAKENTIERE HABEN VIER BEINE UND FELL WIE SÄUGETIERE, LEGEN ABER EIER WIE VÖGEL.

COOLE KLOAKENTIERE

KURZSCHNABEL-AMEISENIGEL

Der Kurzschnabel-Ameisenigel hat eine lange Schnauze, an der Sensoren sitzen, die elektrische Signale wahrnehmen. Damit kann er zielsicher Ameisenstraßen aufspüren. Wenn der Ameisenigel angegriffen wird, kann er sich mit allen vier Pfoten gleichzeitig in die Erde einbuddeln. Seine Stacheln können bis zu fünf Zentimeter lang werden.

SCHNABELTIER

Mit seinem Entenschnabel, dem ottergleichen Körper und dem Biberschwanz ist das Schnabeltier eines der kuriosesten Wesen der Welt. Es gehört zu den wenigen Säugetiere, die Eier legen!

IN AUSTRALIEN LEBEN VIELE DER WELTWEIT GIFTIGSTEN SCHLANGEN!

WÜSTENBEWOHNER

DORNTEUFEL

Diese angsteinflößende Echse ist eigentlich ganz harmlos. Und sie hat eine lustige Art, zu trinken: Wassertropfen, die auf den Körper des Dornteufels fallen, werden über winzige „Rinnen“ zwischen den Schuppen hindurch zu seinem Maul geleitet. Um zu trinken, muss der Dornteufel dann nur noch sein Maul öffnen.

WELLENSITTICH

Wellensittiche leben in Schwärmen und ziehen gern von einem Ort zum anderen. Auch wenn sie in vielen Farben gezüchtet werden, kommen sie in freier Wildbahn nur in Gelb-Grün vor.

HONIGTOPFAMEISE

Honigtopfameisen ernähren sich vom Nektar von Wüstenpflanzen und bewahren ihn in ihrem Bauch auf. Bei den indigenen Völkern Australiens waren sie deshalb schon immer eine beliebte Süßigkeit!

SKORPION

Die meisten Skorpione Australiens sind für Menschen ungefährlich. Im Norden findet man die größten Skorpione – sie werden bis zu zwölf Zentimeter lang.

WITCHETTY-MADE

Als reichhaltige Proteinquelle schmecken diese Maden roh gegessen wie Mandeln und gekocht wie Rührei.

WARANE

Die meisten Warane sind Fleischfresser, manche fressen auch Aas. Der Riesenwaran ist mit einer Länge von bis zu 2,50 Metern Australiens größte Echse!

WASSER-WESEN

LEISTENKROKODIL

Das Leistenkrokodil kann bis zu 1.000 Kilogramm wiegen und etwa 6,20 Meter lang werden! Das ist länger, als eine Giraffe hoch ist! Das Leistenkrokodil hat die höchste Beißkraft von allen Tieren, doch seine Kiefermuskeln sind so schwach, dass man sein Maul mit einem Gummiband zuhalten kann.

WÜRFELQUALLEN

Der Würfelqualle wird nachgesagt, die giftigste Meeresbewohnerin der Welt zu sein! Ihre Tentakel können bis zu drei Meter lang werden! Da Würfelquallen fast durchsichtig sind, sind sie im Wasser kaum zu sehen.

DUGONG

Der Dugong ist mit dem Elefanten verwandt! Weil er auf Seegrasweiden in seichten Gewässern grast, wird der Dugong auch „Seekuh" genannt. Früher hielten Seefahrer Dugongs fälschlicherweise für Meerjungfrauen.

SEEDRACHE UND GROẞER FETZENFISCH

Diese zarten Wesen sind Fische und verwandt mit dem Seepferdchen. Sie leben ausschließlich in den südlichen Gewässern vor Australien. Dank ihres Aussehens halten Fressfeinde sie oft für Seetang oder Algen.

WALHAI

Walhaie sind die größten Fische der Welt! Sie sind Haie, keine Wale, und überhaupt nicht gefährlich. Obwohl sie etwa 3.000 kleine Zähne haben, benutzen sie diese nicht zum Kauen – denn sie ernähren sich von Plankton und kleinen Fischen, die sie aus dem Wasser filtern.

WOBBEGONG

Wobbegongs sind die einzigen Haie, die reglos verharren können. Sie liegen auf dem Meeresgrund und pumpen durch ihre Kiemen Wasser ins Maul. Wobbegongs tragen oft merkwürdige „Tasthaare" um ihr Maul. Daher haben sie auch ihren Namen – Wobbegong bedeutet in einer der indigenen Sprachen Australiens „zotteliger Bart".

RAUS IN DIE NATUR NEUSEELANDS!

Neuseeland ist wegen seiner atemberaubenden Natur bei Touristen sehr beliebt – es ist der perfekte Ort für Outdoor-Abenteuer! Neuseeland besteht aus zwei großen Inseln mit einer einzigartigen Tier- und Pflanzenwelt, hohen Bergen, weiten Stränden, Vulkanen, Regenwäldern, Gletschern und Buchten. Außerdem ist Neuseeland das Land der Extremsportarten!

GEH ANS LIMIT!

Wenn du Extremsportarten liebst, ist Neuseeland genau dein Ding! Rafting auf einem Wildwasserfluss? Seilrutschen zwischen zwei Berggipfeln? Bungeespringen über einem tief gelegenen Flusstal? Los geht's!

FALLSCHIRMSPRINGEN

HELI-SKIING

BUNGEE-SPRINGEN

CANYONING

MOUNTAIN-BIKING

SEILRUTSCHEN

RAFTING

HOCH HINAUF!

Wenn du in den Bergen wandern möchtest, trage Wanderschuhe. Am Strand kannst du Flipflops anziehen.

MÄÄÄÄH!

In Neuseeland leben etwa fünf Millionen Menschen, aber über dreißig Millionen Schafe!

SILBERFARN

Etwa achtzig Prozent der Pflanzen Neuseelands kommen nur dort vor. Der Silberfarn ist ein Nationalsymbol. Die Māori glauben, dass der Silberfarn aus dem Meer stammt und dass seine silbrige Unterseite das Mondlicht einfängt, um auf diese Weise Menschen den Heimweg zu zeigen.

NORDINSEL

DAS LAND DER LANGEN WEIßEN WOLKE

In der Sprache der Māori, der indigenen Bevölkerung Neuseelands, heißt Neuseeland „Aotearoa", das bedeutet „Land der langen weißen Wolke".

FJORDE

Entlang der Küste der Südinsel ragen Fjorde (das sind Meeresarme, die durch Gletscherwanderungen entstanden sind) tief ins Land hinein. Mache einen Schiffsausflug und erkunde den Milford Sound oder den Doubtful Sound und bewundere die hohen Berge, die sie umgeben!

KEA

Der schlaue Kea ist der einzige echte Bergpapagei. Er ist sehr neugierig und liebt es, an Scheibenwischern und Türdichtungen von Autos zu knabbern!

MAUI-DELFIN

Der Maui-Delfin ist der kleinste und seltenste Delfin der Welt. Es gibt nur noch wenige Tiere, bald könnte er ganz ausgestorben sein.

FLEDERMÄUSE

Die nur daumengroße Neuseeland-Lappenfledermaus wird auch „Pekapeka" genannt. Sie und die Kleine Neuseelandfledermaus sind vom Aussterben bedroht. Von der Großen Neuseelandfledermaus nimmt man an, dass sie bereits ausgestorben ist.

In Neuseeland gibt es keine gefährlichen Raub- oder Gifttiere … außer einer Spinne, der Roten Katipo. Deshalb leben hier viele flugunfähige Vögel, zum Beispiel der berühmte Kiwi. Ob du es glaubst oder nicht: In ganz Neuseeland gibt es nur eine einzige einheimische Säugetierart – Fledermäuse!

SÜDINSEL

BRÜCKENECHSE

Die Brückenechse ist das einzige Reptil der Welt, das bereits zu Zeiten der Dinosaurier gelebt hat! Deswegen wird sie auch als „lebendes Fossil" bezeichnet. Unglaublich, aber wahr: Brückenechsen haben oben auf dem Kopf ein drittes Auge, mit dem sie Helligkeit wahrnehmen können!

RIESEN-WETA

Diese faszinierende Langfühlerschrecke lebt schon seit prähistorischen Zeiten auf der Erde. Sie gehört zu den größten Insekten der Welt!

ROTE KATIPO

Die seltene Rote Katipo ist die einzige in Neuseeland heimische Giftspinne. Aber keine Sorge, sie beißt nur, wenn sie angegriffen wird.

Neuseelands Nationaltier ist dieser nachtaktive Vogel. Kiwis legen im Verhältnis zu ihrer Körpergröße die größten Vogeleier der Welt – sie wiegen fast ein Viertel so viel wie sie selbst! Um nachts erfolgreich Futter zu finden, haben Kiwis „Tasthaare" am Schnabel – fast wie eine Katze!

IN TROPISCHEN GEWÄSSERN

Ozeanien hat eine überwältigende Unterwasserwelt – kein Wunder bei über 7.500 Inseln. Sie reicht von seichten, kristallklaren Gewässern, in denen es vor tropischen Fischen nur so wimmelt, bis zu eiskalten Untiefen des Pazifiks, wo einige der größten Tiere des Planeten leben.

AUSTRALIEN & NEUSEELAND

GREAT BARRIER REEF

Das Great Barrier Reef vor der Küste Australiens ist ein riesiges Ökosystem und so groß, dass man es sogar vom Mond aus sehen kann. Das Korallenriff hat eine Länge von etwa 2.300 Kilometern und ist die Heimat von zehn Prozent aller Fischarten weltweit.

KORALLENRIFFE

Korallen sind keine Pflanzen, sondern Nesseltiere (genauso wie Quallen). Sie bilden Korallenriffe, die für das ganze Leben auf unserem Planeten sehr wichtig sind.

EXOTISCHE LEBEWESEN

Im Pazifischen Ozean leben vom winzigen Plankton bis zum größten Tier der Erde, dem Blauwal, die unterschiedlichsten Lebewesen. Der Feuerfisch hat viele Stacheln, in denen sich ein schmerzhaftes Gift befindet. Perlboote gelten als „lebende Fossilien". Und der Riesenmanta kann eine Spannweite von sieben Metern erreichen!

GRÜNE MEERES-SCHILDKRÖTE

STACHELROCHEN

DELFIN

FEUERFISCH

PERLBOOT

RIESENMANTA

TROPISCHE FISCHE

In den Korallenriffen des Pazifischen Ozeans leben Tausende Fischarten. Viele sind leuchtend bunt, damit sie sich gut zwischen den Korallen verstecken können.

AUFGETISCHT!

Ozeanien bietet eine sagenhafte Bandbreite an Köstlichkeiten aus dem Meer. Sie reicht von Schalentieren und Weichtieren wie Muscheln bis zu verschiedensten Speisefischen. Garnelen sind ganz besonders köstlich!

MIES-MUSCHELN

SEEOHR

JAKOBS-MUSCHEL

AUSTER

GARNELE

SCHLEIM-KOPF

FAHNEN-BARSCH

GRANAT-BARSCH

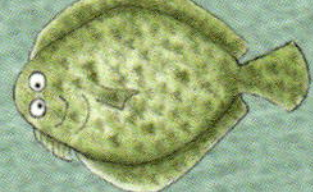

FLUNDER

PETERS-FISCH

AUSTRALISCHE LANGUSTE

GROBE PAZIFISCHE SCHWIMMKRABBE

TASMANISCHER LACHS

KÖNIGS-ESCOLAR

REGENBOGEN-FORELLE

ROBBEN

Auch einige Robben- und Seelöwenarten leben in den Gewässern vor Australien und Neuseeland. Sie verbringen viel Zeit beim Spielen im Meer.

AUSTRALISCHER SEELÖWE

SÜDAFRIKANISCHER SEEBÄR (LEBT AUCH IN AUSTRALIEN!)

PRACHT-
FREGATTVOGEL
FISCH-
ADLER
WEIßBAUCH-
SEEADLER
WEIßKAPPENALBATROS

MÖWE
67
ROTFUß-
TÖLPEL

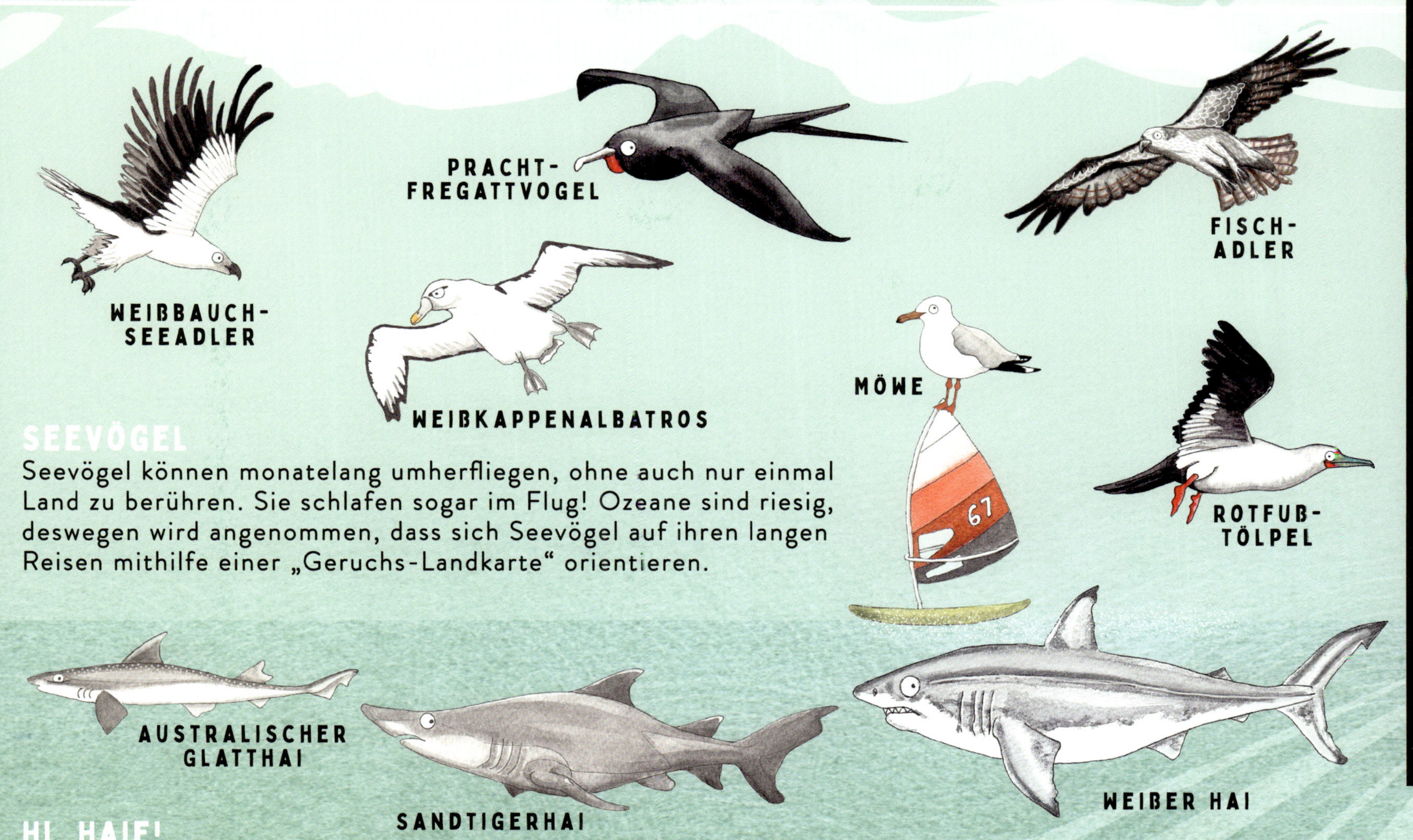

SEEVÖGEL

Seevögel können monatelang umherfliegen, ohne auch nur einmal Land zu berühren. Sie schlafen sogar im Flug! Ozeane sind riesig, deswegen wird angenommen, dass sich Seevögel auf ihren langen Reisen mithilfe einer „Geruchs-Landkarte" orientieren.

AUSTRALISCHER
GLATTHAI
SANDTIGERHAI
WEIßER HAI

HI, HAIE!

In Ozeanien leben viele Haie, denn die meisten Arten lieben warmes, flaches Wasser. Haie gibt es schon seit der Urzeit. Sie haben einen ausgezeichneten Geruchssinn und können Blut noch in millionenfacher Verdünnung riechen!

GIGANTEN DER MEERE

Viele Rekordhalter unter den Meeresbewohnern lieben das warme Wasser Ozeaniens. Orcas können so lang wie ein Bus werden (zehn Meter). Der Schwertfisch ist einer der schnellsten Fische der Welt und kann mit einer Geschwindigkeit von bis zu 97 Stundenkilometern durchs Wasser schießen. Und der Riesenkalmar kann bis zu 1.800 Meter tief tauchen. Seine Augen sind so groß wie Wasserbälle!

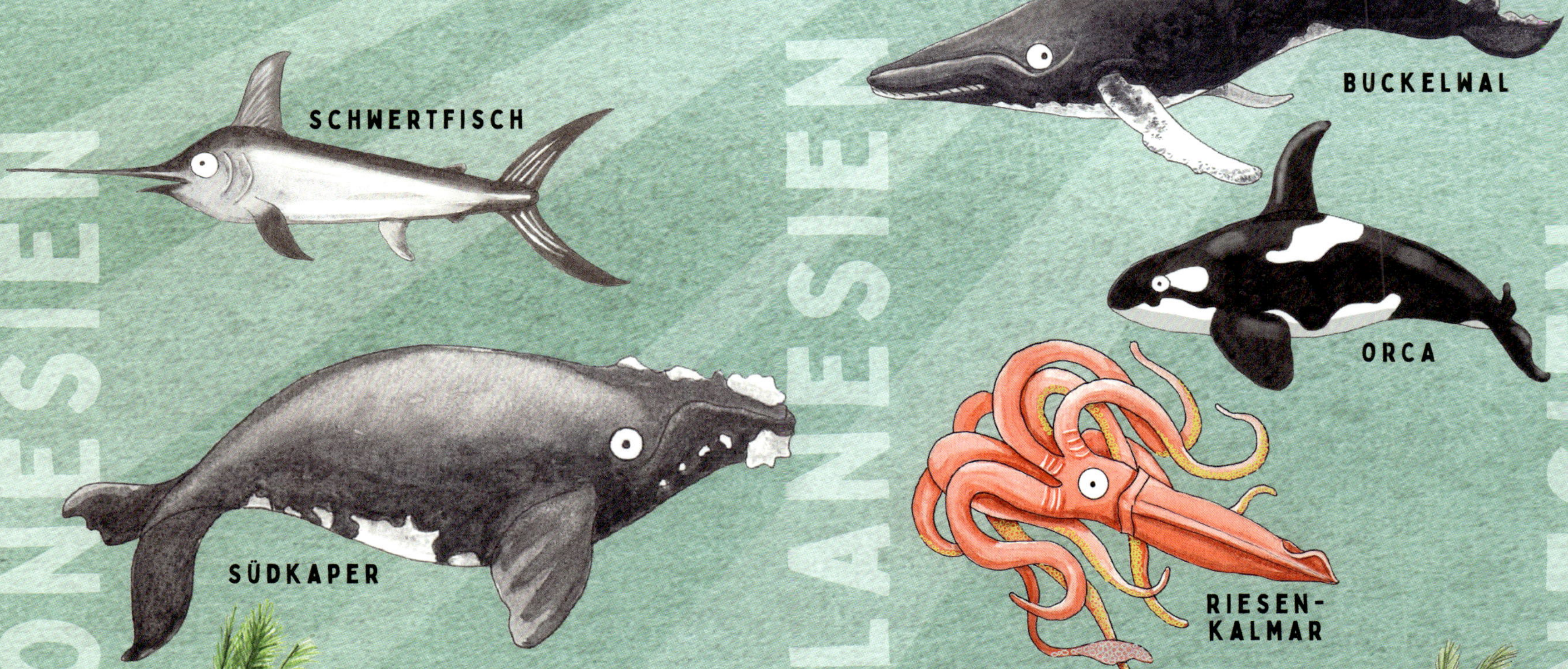
BUCKELWAL
SCHWERTFISCH
ORCA
SÜDKAPER
RIESEN-
KALMAR
MIKRONESIEN
MELANESIEN
POLYNESIEN

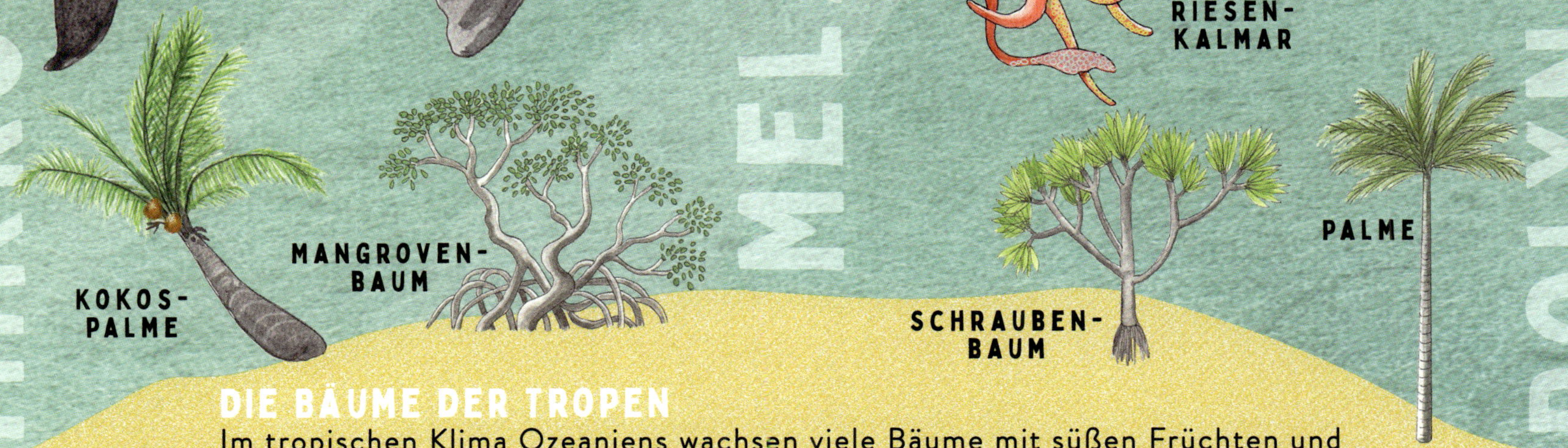
KOKOS-
PALME
MANGROVEN-
BAUM
SCHRAUBEN-
BAUM
PALME

DIE BÄUME DER TROPEN

Im tropischen Klima Ozeaniens wachsen viele Bäume mit süßen Früchten und bunten Blüten. Manche Bäume wachsen sogar im Salzwasser! Mangrovenbäume können neunzig Prozent des Salzes aus dem Meerwasser herausfiltern.

AUF EINEN BLICK

LÄNDER: 0. Denn die Antarktis ist ein Kontinent, aber kein Staat. Sie wird von 54 Ländern verwaltet, die sich im Antarktis-Vertrag zusammengetan haben.
FLÄCHE: 14 Millionen km²
NAME: Der Name Antarktis stammt von dem griechischen Wort „ἀνταρκτικός", was so viel wie „gegenüber der Arktis" bedeutet.
HAUPTSPRACHEN: Englisch, Russisch, Deutsch, Französisch, Norwegisch, Schwedisch, Māori
BEVÖLKERUNG: etwa 4.000 Forschende pro Jahr
GRÖßTE SIEDLUNG: McMurdo-Forschungsstation (bis zu 1.258 Menschen)
HÖCHSTER PUNKT: Mount Vinson (4.892 m)
TIEFSTER PUNKT: Denman-Canyon (etwa 3.500 m unter dem Meeresspiegel)
LÄNGSTER FLUSS: Onyx River (32 km)
GRÖßTER SEE: Wostoksee (15.690 km², liegt bis zu 4.100 Meter unter dem Eis!)

RKTIS

EISWÜSTE

LEBEN AUF DEM EIS

Die Antarktis besteht aus einem eisigen Festland (auf dem sich der Südpol befindet) und vielen Inseln, darunter Heard und die McDonald-Inseln und die Südlichen Orkneyinseln. Das Festland ist tatsächlich die größte Wüste der Welt – eine trockene Eiswüste! Der durchschnittliche Niederschlag liegt im Landesinneren unter fünf Zentimetern pro Jahr und fällt immer als Schnee.

Obwohl es in der Antarktis eisig kalt ist, gibt es hier eine reiche Tierwelt, zum Beispiel Wale, Robben, Fische und Vögel. Pflanzen wachsen hier kaum, lediglich Moose, Pilze, Flechten und Lebermoose. Nur zwei Arten blühen (siehe unten) und die meisten Pflanzen sind auf der Antarktischen Halbinsel und auf den umliegenden Inseln zu finden.

Die Antarktis ist unbewohnt, doch jedes Jahr reisen etwa 4.000 Menschen mit einem Eisbrecher hierher und leben in verschiedenen Forschungsstationen. Zudem nimmt der Tourismus in der Antarktis rasant zu!

IM MEER

Viele der antarktischen Fische leben in der Tiefsee, Hunderte Meter unter der Meeresoberfläche, wo es tatsächlich ein bisschen wärmer ist!

WALE ALLER ARTEN

Viele Wale lieben das kalte Wasser der Antarktis! Üblicherweise werden dort vor allem die abgebildeten Schönheiten gesichtet. Aber auch Südliche Schwarzwale, Zwergpottwale, Kleine Pottwale, Camperdown-Wale, Südliche Zwergwale, Zwergglattwale, Südliche Entenwale und Layard-Wale schwimmen durch diese Gewässer.

ENTDECKE DIE TIERWELT

Findest du diese Tiere im Buch wieder? Welches lebt auf welchem Kontinent?

ANTARKTIS-DRACHENFISCH

BIBER

BILBY

GROẞE PAZIFISCHE SCHWIMMKRABBE

GROẞER PANDA

ISLANDSCHAF

KÖNIGSTIGER

KRAGENECHSE

LACHENDER HANS

SEE-ELEFANT

SPANISCHER STIER

TRAMPELTIER

BISON

ERDFERKEL

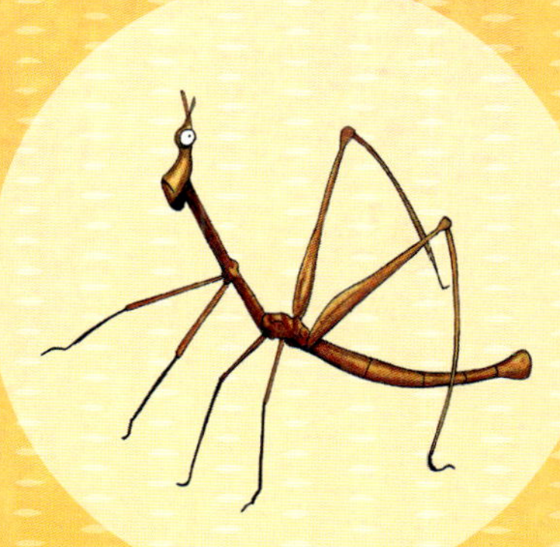
GESPENST-SCHRECKE

KAISER-PINGUIN

KIWI

KOALA

RENTIER

RIESENSCHILDKRÖTE

SCHIMPANSE

WEIßKOPF-SEEADLER

WIEDEHOPF

ZEBRA

ENTDECKE DIE PFLANZENWELT

Suche nach diesen Pflanzen im Buch. Welche davon findest du auf mehreren Kontinenten?

ABESSINISCHE ROSE

AFFENBROTBAUM-BLÜTE

AMAZONAS-RIESENSEEROSE

CHRYSANTHEME

FRANGIPANI

GELBRINDEN-AKAZIE

HIBISKUS

KAKTUS

KIEFER

MAUER-GÄNSEBLÜMCHEN

PURPUR-EUKALYPTUS

SCHIRMAKAZIEN-BLATT

ANTARKTISCHE PERLWURZ

BAMBUS

BAUM DER REISENDEN

GOLD-AKAZIE

GRASBAUM

HELIKONIE

KIRSCHBLÜTE

KOKOSPALME

MANGROVENBAUM

SCHRAUBENBAUM

SILBERFARN

SPINIFEX-GRAS

ENTDECKE DIE VIELFALT DER WELT

Findest du diese Dinge und Sehenswürdigkeiten im Buch wieder? Für welchen Kontinent oder welches Land sind sie typisch?

AHORNSIRUP

BASILIUS-KATHEDRALE

BURJ KHALIFA

FREIHEITSSTATUE

IGLU

KIRCHE VON KIRUNA

MOAI-STATUEN

NESSIE

OPERNHAUS SYDNEY

STONEHENGE

SUSHI

TADSCH MAHAL

CHICHÉN ITZÁ

CHINESISCHER DRACHE

EIFFELTURM

MACHU PICCHU

MARACAS

MOUNT EVEREST

PETRA

PIÑATA

PYRAMIDEN VON GIZEH

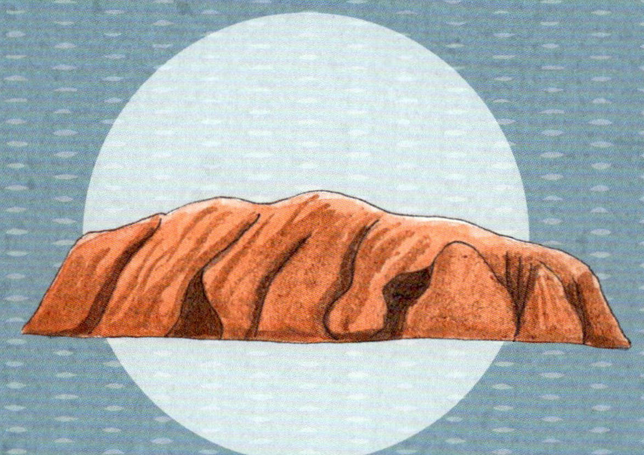
ULURU

VERBOTENE STADT

WEIHNACHTS-MANN

DANKE

Ein riesiges Dankeschön an meine Verlegerin Melissa Kayser für ihren Weitblick und an das ganze Team bei Hardie Grant Travel für die Unterstützung, insbesondere Megan Cuthbert, Nikki Lusk und Jessica Smith. An meine außergewöhnliche Lektorin Alice Baker für ihre Erfahrung und ihren Humor. Und an meine Familie und meine Freunde für ihre unendliche Unterstützung und Geduld. Danke auch an alle Erwachsenen, die verstehen, wie wertvoll Reisen für Kinder ist.

Einige der Illustrationen in diesem Buch sind ursprünglich im Jahr 2018 in *Australia: Illustrated Map* und in *World: Illustrated Map* bei Explore Australia Publishing Pty Ltd. erschienen.

Die Illustrationen in diesem Buch wurden mit Wasserfarben, Tusche und digitalen Elementen unter der Verwendung von gedruckten und fotografierten Strukturen geschaffen.

978-3-7432-1291-6
1. Auflage 2022
erschienen unter dem Originaltitel *I Heart the World*

First published in Australia by Hardie Grant Travel, a division of Hardie Grant Publishing

Aus dem Englischen übersetzt von Anna Taube
Umschlaggestaltung: Johanna Mühlbauer
Printed in the EU

www.loewe-verlag.de

OLIVEN
ÖL